高手社交

为人处世58法

张弛——著

中国经济出版社

·北京·

图书在版编目（CIP）数据

高手社交：为人处世 58 法 / 张弛著 . -- 北京：中国经济出版社，2025. 3. --ISBN 978-7-5136-8075-2

Ⅰ. C912.11-49

中国国家版本馆 CIP 数据核字第 20252LN386 号

责任编辑	张梦初　高　鑫　戴　瑛
责任印制	马小宾
封面设计	仙　境

出版发行	中国经济出版社
印 刷 者	三河市宏顺兴印刷有限公司
经 销 者	各地新华书店
开　　本	880mm×1230mm　1/32
印　　张	6
字　　数	120 千字
版　　次	2025 年 3 月第 1 版
印　　次	2025 年 3 月第 1 次
定　　价	52.00 元
广告经营许可证	京西工商广字第 8179 号

中国经济出版社　网址 http://epc.sinopec.com/epc/　社址 北京市东城区安定门外大街 58 号　邮编 100011

本版图书如存在印装质量问题，请与本社销售中心联系调换（联系电话：010-57512564）

版权所有　盗版必究（举报电话：010-57512600）
国家版权局反盗版举报中心（举报电话：12390）　　　服务热线：010-57512564

前言

在社会这个广袤的"大江湖"中闯荡,掌握处世技巧乃是必备的生存技能。你起码要清楚在何种场景下该说什么话、做什么事,面对不同的人要采用不同的待人接物方式。倘若对基本的为人处世技巧一无所知,生活与工作恐怕会徒增一些阻力。

若把人生当作一场充满挑战与机遇的精彩游戏,那么为人处世的规则就如同这个游戏的行为准则。若对这些规则仅知皮毛,甚至全然不知,那么在人生的各个阶段,都极容易遭遇重重障碍,难以赢得他人的认同与支持。反之,若能对这些规则运用自如,势必对自己的生活与事业大有裨益。

也许有人会质疑:坦诚地做自己难道不好吗?为何非要委屈自己去迎合他人呢?熟稔为人处世的规则和技巧并熟练运用,绝不等同于世俗的做作,更不是刻意的逢迎与投机取巧。它是对社会规则的深刻领悟以及对人际交往技巧的高超运用,关乎如何在尊重他人的同时,坚守并维护自身的价值,还力求通过高效的沟通方式构建和谐融洽的关系。

无论是在竞争激烈、瞬息万变的职场,还是在看似琐碎却充满烟火气的日常生活中，掌握一套切实可行的处世哲学，能让我们在面对各种复杂局面时泰然自若。

因此，在你还未遭受社会的"狂风骤雨"之际，务必熟知并掌握这些处世规则和技巧，让自己会说话、会做人、会办事。

本书的编写初衷，便是致力于帮助读者更透彻地理解人情世故，并能巧妙地将其运用到实际的生活与工作之中，进而收获和谐美满的人际关系，最终实现个人价值的显著提升。

本书涵盖内容广泛，包括场面话的艺术、应酬礼仪的规范、职场交际的策略、人情往来的分寸、求人办事的窍门等，几乎囊括了我们在人际交往中可能遇到的各个方面。它将助力我们开启人情世故的神秘大门，洞悉人际关系的奥秘。衷心期望读者在读完此书之后，能够在纷繁复杂的人情世故中，成功找到那条属于自己的光明大道，收获璀璨而充实的人生！

目录

第一章 见事悟道：参透身边的人情冷暖

个人修养一半在人情世故里 …………………………… 002

人情世故的底层逻辑：互利互惠 ……………………… 004

世界很大，别活成一座孤岛 …………………………… 006

不懂世故，容易出"事故" ……………………………… 009

不要把弱关系当成真友谊 ……………………………… 011

圈子不同，就不要强融 ………………………………… 014

第二章 出言有尺：人情世故一半在说话里

看破是本事，不说是智慧 ……………………………… 018

交情太浅，避免言深 …………………………………… 021

坦率不等于口无遮拦 …………………………………… 024

多说"良言"，少讲"恶语" …………………………… 027

该捧场的时候，莫拆台 ………………………………… 030

该含蓄的时候，莫直言无忌 …………………………… 033

第三章　应酬有礼：做场面人，说场面话

注重称呼技巧，提升称呼艺术 …………………… 038

寻找合适的话题，快速搭上话 …………………… 041

不是所有的客气都是真心的 ……………………… 044

来了都是客，要一视同仁 ………………………… 046

不做场面上的"闷葫芦" …………………………… 049

第四章　吃喝有别：饭局不只是吃吃喝喝

看不明白的饭局，不要轻意加入 ………………… 054

吃什么不重要，关键看和谁吃 …………………… 057

偶遇的饭局，要不要参加 ………………………… 059

领导让去催菜，记得要晚回 ……………………… 062

喝的不是酒，喝的是礼数 ………………………… 065

第五章　为人有度：有分寸感，保持距离不越界

以他人为镜审视自己 ……………………………… 070

朋友的朋友不等于朋友 …………………………… 072

不喧不闹，低调做人 ……………………………… 074

以和为贵，烦恼无踪 ……………………………… 076

远离那些"消耗性关系" …………………………… 078

第六章 处事有余：过满则溢，过刚则折

做一个聪明的"和事佬" …………………………… 084

遇事要能够站稳立场 ………………………………… 086

尊重他人的游戏规则 ………………………………… 089

摆正位置，做事不逾界 ……………………………… 092

能屈能伸，遇事不"一根筋" ……………………… 095

懂得妥协，遇事不必硬碰硬 ………………………… 097

第七章 职场有道：工作既要看态度，更要看关系

与其羡慕，不如自强 ………………………………… 102

别怕被"利用"，就怕没人用 ……………………… 104

莫做办公室里的"闲聊高手" ……………………… 107

拒绝"盲从"，坚守独立 …………………………… 110

完成在先，"完美"在后 …………………………… 113

不妨将"意见"改为"建议" ……………………… 117

张弛之间把握好三种节奏 …………………………… 120

第八章 馈赠有方：左手规矩，右手人情

馈赠不简单，要带着情商 …………………………… 126

随份子，要懂得规矩 ………………………………… 129

馈赠礼物，忌讳"一刀切" ………………………… 132

掌握馈赠的四个关键技巧 …………………………… 134

面对婉拒，要会见招拆招 …………………………… 138
馈赠后的六大避坑攻略 ……………………………… 140

第九章　求人有法：按规则办事，顺风又顺水

找对人，才能办对事儿 ……………………………… 144
找人帮忙，要有利他思维 …………………………… 147
树不能硬依，山不能死靠 …………………………… 150
"催办"要润物细无声 ………………………………… 153
警惕人际交往的"超限效应" ……………………… 156
学会高情商地"麻烦"别人 ………………………… 158

第十章　拒人有理：有礼有节地说"不"

即便十拿九稳，也不要把话说满 …………………… 164
不便办的事，"按照正常程序走" …………………… 167
用幽默的话委婉说"不" ……………………………… 169
拒绝要果断，不拖泥带水 …………………………… 173
拒绝要明确，不模棱两可 …………………………… 176
事情可以拒，情面要留下 …………………………… 180

第一章

见事悟道：参透身边的人情冷暖

现实恰似一台宏大的舞台剧，人情冷暖仿若其中变幻莫测的光影。置身其中，你或许曾体悟过真挚关怀所赋予的温暖，抑或历经了冷漠与疏离所带来的寒意。唯有参透这些人情冷暖背后的真谛，方可真正领悟人与人之间复杂而又微妙的情感。

个人修养一半在人情世故里

生活中，总有那么一部分人，他们自以为是，将自身视作世界的核心、宇宙的中心，并用自身那套极为严苛的标准，去评判身边的所有人与事。只要出现任何不符合他们内心期望的状况，便一概认定：那是别人的错。

实际上，我们吹毛求疵、看他人不顺眼，很多时候是由于自身修养有所欠缺。亦舒曾言："一个人真正成熟的标志，便是发觉可以责怪的人越来越少。理由很简单，人人都有自己的难处，而你未必懂得他们的生活。"

小周初入职场时，满是朝气与热忱，对热闹的氛围格外喜爱，是公司群里最为活跃之人。在一次公司组织的聚会中，他期望与一位老员工拉近关系。然而，对方的态度不温不火，甚至说话略带阴阳怪气，举手投足间流露出一种高高在上的姿态。

聚会结束后，小周向一位同事询问："王师傅为何对我不理不睬？"同事性子直爽，随口回应道："他早就看你不顺眼了。"

这让小周深感困惑：我并未得罪过他呀，而且平日里对他极为尊敬，没想到他竟会如此。原来，小周性格大大咧咧，从不会像其他人那样刻意去讨好王师傅。而王师傅在公司资历较老，习惯了别人对他的客套与追捧。故而，他觉得小周"这小子不懂事"。

像王师傅这样的职场"老人"，却未能展现出相应的个人修养。事实上，许多人的人脉广泛并非因为他们自身有多么卓越，而是因为他们周围的人更通晓人情世故。有句话这样说："我以为别人尊重我，是因为我很优秀。慢慢地我才明白，别人尊重我，是因为别人很优秀；优秀的人更懂得尊重别人。"从这个意义上讲，王师傅倒是有些不通人情世故了。

一个人的修养，有一半蕴含在人情世故里。个人修养不足，即便人脉看似广泛，也容易出现诸多问题。

首先，人情世故乃是处理人际关系、应对各类情境的智慧与经验，其中涵盖了各种互动、交流以及对各种关系的处置。在此过程中，我们需要学会理解他人的感受，尊重他人的观点与选择。例如，在与他人意见相左时，要多进行换位思考，理解对方的立场与难处，进而控制好自己的情绪，以理性且温和的方式与之沟通，这恰恰体现了自身的修养。

人情世故中充满了各种利益的交织与平衡。面对利益冲突，要能够保持公正，不贪婪、不自私，展现出良好的品德与操守，切不可因个人利益而损害他人或集体的利益。这同样体现了修养。

在人情世故中，会遭遇形形色色的人和情况，包括赞扬、批评、误解、挫折等。如何以平和、包容且积极的心态去应对这些，反映了一个人的修养水平。比如，面对批评时能够虚心接受，面对误解时能够耐心解释，而不是暴躁愤怒或消极逃避。

除此之外，人情世故还涉及社交礼仪与规范。懂得并遵循这些规范，能够展示出一个人的教养与修养。通过在人情世故中的历练，我们能够不断反思自己的行为与态度，从而改进并提升自己的修养。

总之，人情世故为我们提供了丰富的场景与机会，让我们在与他人的互动中不断磨砺并展现自己的修养。因此，可以说，一个人的修养有一半体现在人情世故里。

人情世故的底层逻辑：互利互惠

从特定角度而言，人情世故的实质乃是资源的一种置换。人与人之间的交往，实则为资源置换的过程。成功人士自不必多言，他们通常拥有强大的资源，自然能够在各类场合占据核心地位。而生活中的普通人，可支配且用于交换的资源相对较少。倘若不明白人情的互利特性，总是企图独占全部利益，即便最初与他人有着深厚情谊，最终也极有可能分道扬镳。

任何一种友情，或多或少皆有利益掺杂其中。很多时候，唯有双方存有共同利益或存在利益交换，双方的关系方能得以发展。故而，通晓此理之人往往将心思置于互利互惠之上。恰似做生意一般，善于经营方可有所收获。

在三国争霸前夕，周瑜于袁术帐下为官，担任县令一职。有一年，当地遭遇饥荒，百姓颗粒无收，不少人被活活饿死，士兵们也因饥饿而丧失战斗力。周瑜身为当地父母官,目睹此等凄惨之景,心急如焚,不知如何是好。周瑜听闻附近有一位乐善好施的财主鲁肃,便登门求借粮食。两人一番寒暄过后,周瑜直言不讳地说道:"不瞒老兄,小弟此次前来拜访,乃是为了借粮食。"

鲁肃听后爽朗大笑:"此乃小事一桩,我应允你便是。"

鲁肃亲自引领周瑜去查看粮仓。彼时鲁家存有两仓粮食。鲁肃极为慷慨地说:"也别提借与不借了,我将其中一仓赠予你便是。"

周瑜及其手下听闻鲁肃如此大方,皆愣住了。要知道,在饥荒之年,粮食之宝贵,不言而喻。鲁肃着实给周瑜送了一个极大的人情。后来周瑜飞黄腾达,当上将军。他铭记鲁肃的恩德,将其推荐给孙权,鲁肃最终获得大展宏图的机遇。

从古至今,人情世故的底层逻辑皆是互利互惠。简而言之,若你帮了我,我便欠了你一份人情,我自会寻找机会回报于你。虽说这种价值交换或许并非同步发生,但多半会发生,只是时间早晚的问题。尤其在当今的商业社会,这种基于价值交换的共赢思维表现得尤为突出。

若在交换过程中,仅是一方持续付出,这样的关系难以长久维系。同样,若一方一味地从关系中索取而不愿给予,也会导致关系失衡,最终使得双方皆无法从中获益。

实际上,整个社会发展的底层逻辑皆为交换。霍曼斯的"社会交换论"为我们提供了一个理解人类社会互动行为的框架。该理论认为,人们在进行社会互动时,会评估自己的行动所带来的潜在收益（包括情感满足、金钱、物品等）与所需付出的成本（如时间和精力）。若收益（产出）与代价（投入）平衡，那么互动就得以维持；反之，若两者不平衡，则互动难以长期维持。这一理论不仅适用于个人之间的互动，也适用于组织、团体乃至国家之间的互动。

社交互动的本质是价值交换，这种交换不局限于实物或金钱的交换，还涵盖情感、支持、信息等多种非物质形式的交换。理解了这一点，我们方能更好地理解人情世故及其行为背后的动机，从而更加从容地应对各种社交场景，促进人际关系的和谐与平衡。

世界很大，别活成一座孤岛

生活之中，不少人皆有这般体悟：虽身边朋友众多，但真正能够敞开心扉、深入畅聊的知心挚友却寥寥无几。追根溯源，众人皆极为"独立"，渐渐丧失了分享的欲望，既不愿与朋友谈理想，也不想和恋人聊生活，更不会轻易向陌生人袒露心扉，活得仿若一座孤岛。实则，这并非清高，也非吝啬，而是一种自我保护的本能反应。

这个世界广袤无垠，我们着实没有必要将自己封闭起来。只要勇于突破舒适圈，总能够寻觅到与自己内心契合之处。一个人若过度封闭自我，即便只是偶尔去逛个超市，都有可能紧张得买错东西，归家之后才惊觉自己本想买牛奶，不知怎的手中却拿着豆浆，尽犯些匪夷所思的低级错误。在人际交往中，也容易变得过于敏感，难以放开自己，与他人鲜有共同话题。

通常而言，人际关系是依据不同层次来划分的，而我们能够通过持续的努力，逐步提升自己在这些层次中的位置，进而摆脱孤立状态。

第一层：孤立状态。

处于此层次的人常常与他人保持一定距离，不愿与他人建立深层次的联系。他们或者形单影只，又或者在与他人相处时扮演着付出者的角色。在与他人交往时，他们会告知别人某事应当如何去做，帮助他人解决问题，然而当别人想要给予他们帮助时，却会发现他们极难接近。

这些人不愿接受他人的帮助，只因他们觉得求助是一种弱势的表现。遇到问题时，他们倾向于独自承担、独自思考、自行解决。这种情况在诸多成功人士或者大领导身上表现得尤为突出，他们或许会感到"高处不胜寒"，即便周围人来人往，却依旧觉得自己孤独无比。

第二层：单向负面关系。

在这种情形下，两个人之间虽有交流与沟通，但这种交流和互动往往是单向的，且充斥着负面情绪。一方（我们称之为A）总是竭尽全力取悦另一方（我们称之为B），而B则总是指责A，指出A身上存在的问题，并对A提出种种要求。A拼尽全力做好一切，只为让B满意。这种情况类似某些人在童年时期试图获取父母的认可，又或者如电影中的大反派一般，自幼就被某个人瞧不起，而后倾尽全力向对方证明自己。

第三层：看似良好的关系。

在此层次，人们之间的关系看上去令人感到愉快、舒适，甚至令人艳羡。然而，这些关系往往缺乏实质性的正面影响。例如，一群朋友或许会相互恭维、相互吹捧，共同参与游戏和活动，尽情享受在一起的时光。尽管这些时光令人愉悦，但却极少能够带来深层次的成长或实质性的帮助。这类关系有时被喻为"塑料姐妹花"，表面上看似亲密无间，实则缺乏真实性和深刻的支持。

第四层：深层次的连接。

这一层次的显著特点是双方皆能够坦诚相待，表达真实的需求，并寻求实质性的帮助和支持。例如，一个人可以向另一个人坦承自己确实需要帮助，并明确地提出具体要求。这种关系的关键特征包括：双方都能够真诚地关心对方，并在必要时直言不讳地提供反馈；双方都能够从对方那里学到新知识，获取新的信息；双方都具备倾听的能力，并努力理解对方的想法和感受。

一个身心健康、心情舒畅的人通常不会是孤家寡人。这样的人往往拥有稳定而亲密的社会关系，他们的身边会有家人、几位好朋友以及一两位知己。他们会遇到那些因为爱他们而愿意麻烦他们的人，同时也会有他们所爱的、愿意对其伸出援手的人。

那么，如何提升自己的人际关系层次，让自己从孤立状态迈向更加健康的人际关系呢？关键在于做好两点：其一，要学会主动与他人建立联系；其二，通过诚实一致的行为来建立信任，在此过程中，需尊重他人的隐私和注意边界感。

我们所生活的这个世界，归根结底，就是一个庞大的关系网络。在这个关系网络中，人情恰似丝线一般，将人与人紧密地联结在一起。我们在生活中与他人的每一次互动、每一次交流，都可能成为人情的交织点。人情能够给予我们支持和帮助,让我们在困境中感受到温暖与力量;也能够为我们带来机遇和发展,让我们在前行的道路上更加顺遂。所以,永远不要试图与世隔绝,仅凭一己之力度过一生。

不懂世故,容易出"事故"

在电视剧《少帅》中,有这样一幕令人印象深刻:知名演员李雪健饰演的军阀张作霖在教训儿子时说:"江湖并非仅仅是打打杀杀,江湖实则是人情世故。"其言外之意在于,只会凭借暴力争斗之人,终究难以在江湖中稳固立足;相反,懂得人情世故、擅长社会交往之人,方能在江湖中笑傲风云。

提及"世故",许多人本能地将其视作贬义词,认为它是溜须拍马、投机取巧的委婉说法。然而,事实并非如此。简而言之,世故指的是对世事、人事的理解与应对之法;引申开来,它是一种能够使人与人和谐相处的人际处理智慧。

生活在这个纷繁复杂的大千世界,我们有必要世故一些——懂得一些为人处世的道理,掌握一些待人接物的智慧方法,把握好一些人际交往的分寸尺度。比如,遇见亲朋好友、领导同事或是街坊邻居时热情地打一声招呼;亲朋好友家儿子结婚、女儿出嫁或是乔迁新居时随个份子钱、送上一声祝福,在这些简单的互动之中,都蕴含着人情世故。瞧瞧那些在社会上混得"有头有脸"的人,哪一个不是通晓人情世故的高手呢?倘若一个人连基本的人情世故都不懂,想要在社会上吃得开、玩得转,必然会困难重重。

例如,楼下新开了一家餐馆,你兴致勃勃地带着家人前去品尝,一顿饭下来消费了500元。餐后,你询问老板:"能送我两个打包盒吗?"老板直截了当地回应:"不好意思,本店小本经营,打包盒一个收你1块钱。"试问,你以后还会来这家店消费吗?很可能不会。为何?并非因为价格太高或者口味不好,而是这位老板似乎不太懂人情世故。

类似的情况在生活中屡见不鲜。再如,有的人30多岁了,容貌出众,却依然单身,家里人不断催促,本人也心急如焚。父母逢人便说:"麻烦给俺家孩子介绍个对象呗,事成之后,必有重谢。"对方连声应道:"好好好!"结果两年过去了,也没有一个人给介绍对象。而有的人长相虽稍逊一筹,却一直不乏上门说媒之人。为何?因为无论是他本人还是他的父母,见到人就笑脸相迎。事成与否暂且不论,这种态度就让人感觉舒适惬意。

正所谓:"不通人情者,不可交也。"不懂人情世故的人常常表现出社交敏感性不足、说话过于直率、不善于倾听、缺少社交策略、不知妥协、情商欠佳、不善于建立关系以及缺乏人际智慧等特点。这类行为与特征或许会在社交场合引发尴尬局面,甚至导致冲突的产生。

当然,这并不意味着不懂人情世故的人就是"坏人",只是说明他们在人际交往方面尚未开窍,在处理人际关系时缺乏必要的技巧和经验。其后果,轻者会被他人指责不懂事、不解风情;重者,则可能在工作中遭受排挤,在生活里陷入误解,甚至会引发一些意想不到的社交"事故"。由此可见，人情世故犹如人际交往中的润滑剂，缺少了它，人际关系的齿轮便难以顺畅运转。

从某种意义上来说，深谙人情世故体现着一个人的成熟与老练。然而，我们也不必因此而失去本真，变得圆滑世故、虚假做作。我们要懂得人际交往的深浅，并在复杂的人际关系中找到平衡，既不要因过于直率而让人"敬而远之"，也不要因过于世故而失去自我。唯有如此，我们方能在各类社交场合中从容自若。

不要把弱关系当成真友谊

在人生的舞台之上，我们断不可仅凭他人来界定自身价值。真正能够左右我们人生高度的，乃是自身的卓越程度。并非今日加了谁的微信，明日谁邀你用餐，你便变得备受追捧；也不是某个大佬给你点个赞，你就认定他把你当作朋友。

社会宛如一座高塔，每个人都渴望向塔顶攀登。不同层级的人之间存在一定的距离感。当一个人持续提升自身能力与社会地位时，便易于与更高层级的人建立联系，进而获取更多机遇与资源。三流导演想要与顶流演员合作绝非易事，然而知名大导演却常常能与大明星携手合作。

自身若不优秀，认识再多的人也无济于事。况且，朋友也有亲疏远近之分。在现实生活中，诸多所谓的"朋友"，实则不过是"点赞之交"罢了。尤其是众人行业各异、地位不等、资源不匹配,又如何谈及共享呢?大家之所以能够其乐融融地坐在一起,甚至交谈甚欢,无非出于人情世故。若看不清这一点,将弱关系误作真挚友谊,注定会深感失望。

　　刘杰是某公司的业务员,擅长交际,身边之人皆艳羡他的人脉广阔。平日里,无论是在酒桌、会场、歌厅、茶馆、地铁、公交车、路边、小区门口还是菜摊,任何地方只要有过一面之缘的人,甚至是通过搜索"附近的人",他都会添加对方微信。对于一些他认为有价值的人,逢年过节,他总会送上温馨祝福。平日里,除了吃饭睡觉,几乎手机不离手,一天要发十多条朋友圈,与他的"好朋友们"分享自己的工作、生活,或是通过微信与好友畅谈理想、事业与时事……

　　虽与许多人未曾谋面,连对方性别都未曾弄清楚,但这并不妨碍他与对方聊得热火朝天。无数次,他盛情邀约对方:"亲,有空来××找我玩呀……"对方也大多礼貌回应:"谢谢邀请,亲,下次出差路过××市,可以电话约我,我一定请你品尝当地最有名的美食,别客气哟!"

　　一日,他前往某地出差,想到有两位微信好友正是当地人,之前曾热情地邀请过他去做客。想到此处,他便不再客气,于是先给一人发去信息:"好兄弟,我刚到××,特别想和你见个面。"结果,对方许久未回,他拨打语音通话,对方也未接听。好半天,对方才回了一条:"不好意思,正在加班,手机设置了静音,刚刚没听到。"

　　随后,他又给另一位"朋友"发去问候:"你好,我来你们这里出差了，刚下高铁，很想和你见面聊聊。"对方回了一句："哦，这么巧，我正在北京出差，有时间下次约吧。"

一生中，我们见过和认识的人众多，但真正能与自己建立深厚关系的又有几人呢？时常有人自诩人脉昌盛，可当自己真想借助这层关系时，却发现事情往往与自己想象的大不相同。这并非人情淡薄，而是关系未达火候。大家之所以习惯以"朋友""亲""家人"相称，这只是人情世故。若不明白这一点，把点赞之交当作挚友，便突破了人际交往的边界感，让自己成为不受欢迎之人。

毕竟，一个人的时间与精力有限，不会整日耗费大量时间用于人际交往，去维系各种关系。所以，当你投入一分，却换来十分的"友情"时，那就需要警惕了：这究竟是真友谊，还是弱关系呢？通常，一个人的弱关系越多，真朋友就越少。特别是那些见了谁都是"朋友"的人，实际上谁也不会把他当作真正的朋友。

朋友贵精不贵多。孟尝君门下食客三千，平日里一个个称兄道弟，关键之时，能拼死相救的，却也只有寥寥几人。人情往来中，应将有限的精力分配给那些有价值的关系与朋友，减少无效社交。否则，若仅靠数量取胜，那高铁站的安检员、景区的售票员，岂不是当之无愧的"人脉之王"？

圈子不同，就不要强融

每个人皆拥有属于自己的特定圈子，即便是最不擅交际之人，也有家庭、亲人及同学等圈子环绕。而社交广泛者，所涉足的圈子更是种类繁多，诸如书法圈、摄影圈、驴友圈、骑行圈等。

试想，当你身处一群热衷于攀岩之人当中，可自身对攀岩毫无兴致，甚而心怀畏惧，那必然会深感格格不入。同理，若与一群热爱美食之人共处，而你对美食了无兴趣，乃至厌恶，尴尬之情便会悄然滋生。每个人都有着独特的价值观与生活方式，这些差异铸就了各不相同的圈子。恰似受到磁铁吸引，拥有相同价值观和生活方式之人会自然而然地聚集在一起，从而形成一个圈子。

实际上，人与人之间的思想观念和价值取向往往存在差异。正如猎户与樵夫，他们各自追求不同的目标，猎户专注于狩猎，而樵夫则忙于砍柴，这种目标的不一致使得他们难以形成紧密的伙伴关系。若强行将他们纳入不合适的圈子，他们很难在思想上产生共鸣。交流不在同一频道，观点不在同一维度，双方皆会倍感不适。所以，聪慧之人从不勉强自己融入不适合的圈子，为人处世秉持"你走你的阳关道，我过我的独木桥"之态度。他们知晓进退，不适合自己的圈子坚决不踏入。

在社交实践中，可以遵循以下三个关键步骤，来有效参与和融

入适合自己的圈子:

第一步:寻觅适合的"圈子"。

寻觅适合自己的圈子,首先需了解自身的需求与特点。这恰似寻找一件合身的衣物,唯有明晰自己的身形,方能找到最为契合的尺码。

其一,明确目标。即要清楚自己期望从圈子中获取什么,是知识、资源、人脉,还是纯粹的友情与陪伴。明确目标有助于筛选出符合自身需求的圈子。

其二,识别价值观。不妨自问几个问题:自己的核心价值观是什么?自己认同何种生活方式?对未来有着怎样的期许?价值观乃是判断一个圈子是否适合自己的重要标准,唯有价值观相近的群体方能相互理解、相互支持,共同成长。

其三,评估自己的能力水平。自己在哪些方面具备优势?渴望在哪些领域有所突破?圈子成员通常具有相似的能力水平。找到与自己水平相近的圈子,能够激发潜能,助力自己更快进步。

第二步:找到"圈子"的入口。

不论何种圈子,其入口大致分为以下几类:一是兴趣类。比如许多人感兴趣的活动、社群、论坛。在那里,志同道合之人可以尽情交流。二是活动类。通过参加行业会议、专业论坛、公益活动等,可以加入某些圈子。在这些圈子中,能够结识更多同领域的人。三是社交平台类。这类圈子较为常见,通过微信、微博、知乎等社交平台,关注自己感兴趣的领域,并与其他用户互动。

第三步:检验"圈子"的质量。

找到潜在的圈子后,需进行筛选,避免误入。这就如同购买商品,需认真辨别真伪,方能选到优质产品。可以先观察圈子的氛围,看看圈子成员之间是否互相尊重、真诚友善，是否乐于分享经验。观察圈子氛围，能帮助你判断这个圈子是否值得加入。还可以多了解圈子的文化，看看其是否拥有积极向上的价值观。了解圈子文化以及圈子成员的文化素质，能判断这个圈子是否符合你的价值观。

　　需要注意的是，倘若不能与某个圈子产生"同频共振"，就不要盲目融入。如果误入一些不良圈子，要果断退出。在这些圈子中，整天除了聊天、卖货、交朋友，无法获取一点新的价值。在这些圈子中逗留越久，就越容易陷入一种平庸和停滞的状态。思维会被局限在琐碎的日常交流和无意义的交易之中，无法得到拓展和升华。久而久之，会发现自己的时间被大量浪费，精力被无端消耗，而收获的却只是一些短暂的热闹和表面的关系，所以要果断选择离开。

第二章

出言有尺：人情世故一半在说话里

言谈如同思想的衣裳，是表达内心世界的媒介。一句恰到好处的话语，如春风拂面，温暖人心；一句不合时宜的言辞，如利刃伤人，引发矛盾。在人际交往的广阔舞台上，若想成为既擅长倾听又精通表达的智者，必须学会根据不同的情境灵活运用语言与表达策略。

看破是本事，不说是智慧

在日常生活中，我们时常会不经意间得知或目睹一些秘密。这些秘密若被轻易说出，往往会让人感到难堪。所以，对待那些敏感的信息，聪明人通常会采用一种稳妥的态度——看破不说破。

据古籍《韩诗外传》所载，楚庄王曾设宴款待朝中重臣，共饮畅谈。席间酒兴正浓，突然一阵风吹灭了殿内的蜡烛。这时，一位大将不慎冒犯了楚庄王身边的一位妃子。妃子慌乱之中扯下了这名大将头上的红缨，随后，她向楚庄王告状。当时，蜡烛尚未点亮。

楚庄王深知在座的都是自己倚重的大臣。于是，他下令在场的所有人摘下头顶的红缨，然后再让人点燃蜡烛。待蜡烛点燃后，除了那名大将本人，没人知道究竟谁是那位冒犯者。自此之后，这件事无人再提及。

多年后，当楚庄王遭遇敌军围困，生命危在旦夕之时，一名大将毅然挺身而出，誓死保卫君主。原来，正是楚庄王的那份宽容，让这名大将始终铭记于心。

在人际交往中，有些事情如果直白地说出来，不仅不利于自身，还可能伤害他人的情感。每个人都有可能犯错，与其让人当众丢面子，不如给予理解与宽容。对于那些已经知晓自己过错的人，如果选择沉默放过，往往能避免不必要的仇恨与矛盾，从而维护和谐的人际关系。

有句古话说得好："人不可太尽，事不可太清，凡事太尽，缘分势必早尽。"人生在世，有些事不必点破，有些话也不必说明。这是人情世故，是处世的智慧。所以要想让自己不被琐事烦扰，就一定要管住自己的嘴。

1. 避免提及令人尴尬之事

每个人在生活中都可能经历一些尴尬的时刻，这些尴尬时刻往往是他们不愿回忆、更不想被他人提起的。当你口无遮拦地说出那些让人尴尬的事情时，无疑是在往别人的伤口上撒盐。也许你觉得只是一时口快，或者认为这只是一个小小的玩笑，但对于当事人来说，却可能带来极大的痛苦和难堪。

特别是在公开场合，每个人都希望展现出最好的一面，这时，要时刻保持敏锐的洞察力，避免触碰那些可能让人尴尬的话题。小李大学毕业已逾五年，其间未曾有过工作经历，年年参加公务员考试，却遗憾地未能获得任何一次面试机会。眼看30岁了还在啃老，心里也不是滋味儿。一次同学聚会上，几个同学总是有意无意提及一些让他尴尬的话题，如"你啥时候结婚呀""小赵厉害，人家只考一次就上岸了""你也老大不小了，不如先找个工作干着"。从那之后，小李再也不参加同学聚会了，他觉得大家是在刻意挖苦他。

2. 避免触及他人痛点之事

不可否认，生活中难免有一些三观不正的人，他们习惯于将快乐建立在别人的痛苦之上。比如，看到别人过得不如意，在一旁幸灾乐祸，别人不愿意提及的伤心事，他总是要一遍又一遍地重复，丝毫不考虑别人的感受。

《荀子·非十二子》有云："言而当，知也；默而当，亦知也。"（言语得当，是智慧；沉默得当，亦是智慧。）不在别人的伤口上撒盐，知道别人的痛点但不说出来，是一种善良，也是一种智慧。比如，在一个团队中，有一位同事曾因为工作失误而被领导严厉批评，心情极度低落。如果你不顾其感受，时不时在他面前提及这件事情，就显得不够明智。如果不得不提及，最好给予一些鼓励和支持。

3.避免涉及他人隐私之事

每个人都有自己的私人领域，那些不希望被他人知晓的事情，犹如内心深处的秘密花园，需要被妥善守护。毫无底线地打探、评论他人的私密，或者过度直白地暴露自己的私事，这不是坦诚，而是失言。知道别人隐私，选择不说，是对彼此最大的尊重，也是建立良好人际关系的基础，只有给予他人足够的尊重和信任，才能赢得他人同样的对待。

在《蔡康永的说话之道》一书中，蔡康永曾提及，某些人在与他人交谈时，常会直接询问对方的薪资、奖金、婚姻状况及子女情况，如果碰到单身男女，还会紧追不舍地追问为何不结婚、为何不生孩子。在他们的观念里，如此聊天才像是一家人，自认为表达了对他人的关心，且期望以此拉近与对方心灵上的距离。但是，他们却忽略了，这般单刀直入地触及他人隐私，只会令人心生厌恶，从而让人对其敬而远之。

古希腊流传着一句民谚："智者借助经验而言，而更智者则依据经验选择沉默。"《增广贤文》亦云："话到嘴边留半句，事到临头让三分；饱经世故少开口，看破人情但点头。"

或许，你并不认为自己的谈话方式是暴力的，但有些话会无形中给他人带来痛苦。所以，人与人相处，话不能全说，理不能全占，有些时候忍一忍，让一让，有助于维持人际关系的微妙平衡。

交情太浅，避免言深

语言作为人类交流思想的媒介，其重要性不在于数量，而在于使用的恰当性。倘若交情尚浅，话说三分即可，这样既不会招惹麻烦，也不会交出底牌。所以，在日常生活中，要多观察、多思考，少探听、少说话，先确定别人的需求，而不是轻易显露自己的动态及言行，避免交浅言深。

交浅言深源自《后汉书·崔骃列传》，原句为："骃闻，交浅而言深者，愚也。"意思是，与交情尚浅的人进行深入交谈，是不明智的行为。大文豪苏东坡在给皇帝的上书中也提到："交浅言深，君子所戒。"

或许是因为前车之鉴众多，"交浅言深"已然成为人际交往中的一大忌讳，被经验丰富之人不断地告诫后辈。"交浅"意味着双方来往较少，彼此不熟悉、不了解；"言深"则是将心里话毫无保留地倾诉给对方。

战国时期，一些贵族热衷于品评人物。有一次下朝后，一位官员随宰相苏秦一同出来。平常二人交往甚少，这天，这位官员却突然问苏秦某某人怎样。苏秦听后，停下脚步，上下打量着对方，然后笑了笑说："我还是不告诉你为好。"

显然，苏秦不信任对方。对那位官员来讲，和苏秦关系还没有达到十分信任的程度，就贸然开口询问很重要的一件事，遭到拒绝是很正常的。他犯了交浅言深的忌讳，让自己陷入尴尬。

在人际交往中，每一句话的表述都需要把握分寸，以避免造成误解或冲突。不是你聊的话题越深入、越私密，你和他人的关系就能越亲近，而是关系亲近到一定程度，有些话题方能聊。

电影《一个时代的婚恋观》的一个场景：

> 男主角查尔斯在朋友的婚宴上偶遇了一位普通朋友。两人寒暄了几句后，查尔斯便找了一个话题，并询问对方："你的女朋友还好吗？"
>
> 朋友笑着说："哦，她早已不是我的女朋友了。"
>
> 查尔斯听后，马上安慰他说："请不要难过，人们都说她一直与陶比关系暧昧。"
>
> 朋友震惊之余，抛出一句："她已经是我的妻子了！"
>
> 此刻，气氛变得异常尴尬，查尔斯恨不得挖个地洞钻进去。

古人云："君子之交淡如水。"好的社交，就是要让彼此舒服，你不会触动我的隐私，我也不会踩到你的痛点。如果关系一般，却聊着他人不愿意分享的敏感话题，难免会给人一种爱嚼舌根、搬弄是非的感觉。

特别是在人和人交往的初始阶段，更要谨言慎行，和他人保持言行的安全距离，不可唐突地触碰他人的警戒线。为实现这一目标，需着重把握以下三个方面：

1. 多聊轻松、有趣的话题

与交情不深的人交流时，若深入探讨对方不感兴趣的话题，易导致对话难以持续，陷入尴尬境地。同时，由于在一些问题上看法的不同，加上对对方了解不深，容易产生一些误解与冲突。

因此，为了稳妥起见，与交情不深的人交流时，应该选择一些轻松、有趣，且大家都可能感兴趣的话题，避免过于深入和严肃的讨论，以保持良好的交流氛围和人际关系。

2. 控制自己的表达欲

在遇到挫折或情绪波动较大时，我们常常会有强烈的表达欲望。要知道，不是所有的人都愿意倾听我们的内心世界，所以在与不太熟悉的人交流时，一定要学会控制自己的表达欲。

首先，要让自己冷静下来。当感到情绪激动时，提醒自己先暂停一下，不要急于向交情不深的人倾诉心事。可以尝试深呼吸几次，或者在心里默默数数，让自己冷静下来。

其次，要理性评估情况。在情绪平复之后，评估当前的环境和对方的态度。思考对方是否有足够的时间和精力来倾听你的心声，以及是否愿意接受你的分享。

最后，设定分享的界限。避免在不恰当的时候过度分享自己的个人经历、情感问题或隐私。过度的分享可能会让对方感到尴尬或不知所措，甚至可能引起对方的反感。

3. 不要轻易透露心事

有时候，我们会因为一时冲动而向别人透露心事。如果一定要向他人透露心事，要先冷静地思考：这个人是否值得信赖？如果我们随意地向一个交情不深的人透露心事，可能会给自己的人际关系带来一些不必要的困扰。

作家杨绛曾言:"被人轻易掌控的原因,往往在于你透露了过多信息,让人洞悉了你的渴望。"在成年人的世界里,我们应当谨言慎行,切不可轻易将自己的心事透露给他人,即便是极为熟悉之人也不可掉以轻心。因为一旦关系破裂,个人所展现的弱点便可能成为他人攻击的突破口。

综上所述,在交情浅的人面前,不要着急"贡献"出你的世界观、人生观和价值观。毕竟,你无法掌控所有人的想法。你满心关注、饶有兴致的东西,很可能是别人极为鄙夷不屑、嗤之以鼻的。"逢人只说三分话,交浅不言深",是一种交际艺术,更是一种自保之术。

坦率不等于口无遮拦

在生活中,我们时常听到有人以"我这人说话比较直"作为开场白,随后却说出一些可能伤人的话语。然而,口无遮拦绝非坦率,二者有着本质的区别。

坦率,是一种美好的品质,它意味着真诚、不掩饰、不回避真相且能直抒胸臆,同时也会顾及听者的感受。坦率之人会以恰当的方式表达自己的观点。例如,当一位言行坦率的人对朋友的某个行为有不同意见时,可能这样说:"我觉得这件事你这样做可能不太合适,因为……我是从你的角度考虑,希望你能更好地处理此事。"如此表达，既传达了真实想法，又体现了对朋友的关心与尊重。

而口无遮拦则是完全不顾他人感受，想到什么便说什么，甚至故意用尖锐的语言刺激别人。口无遮拦之人往往只图自己一时痛快，却忽略了自己的话可能给他人带来的伤害。比如，看到别人穿了一件新衣服，口无遮拦的人或许会说："这什么衣服啊，难看死了！"这种话不仅会让对方感到尴尬和难过，还可能破坏彼此之间的关系。

某公司设计部有四位职员。有任务时，大家分工合作，其中小陈每次分到的任务最多，可他毫无怨言。他坚信：自己的付出大家都看在眼里，老板也不会亏待自己。然而，每次发工资，他的绩效工资却并不比别人多。

在一次总结会上，老板让大家汇报半年来的工作成绩，并对自己进行评价。三名同事都强调工作"任务多，难度大"，需经常加班加点才能完成。轮到小陈发言时，他说："每次分给我的活儿最多，但我完成得最快，并且经常要放慢节奏，来配合同事的进度……"此言一出，在场之人面面相觑，脸色极为难看。

老板急忙打断他："小陈啊，我们是一个团队，大家需要齐心协力，光做得快不行，质量过关才行哈！"

"可是，老板，每次我设计的方案都被客户采纳，而且修改也是最少的……"

老板赶紧转移话题："好了，这个不是咱们要谈的重点，下面……"

自此之后，小陈感觉自己被孤立了。他申请调到别的部门，却因业务不通而被驳回。就在小陈苦恼之时，公司的一位"老前辈"给他支了一招:"你以为老板看不到你的工作成果吗?年轻人,不要实话实说啊。"

小陈问道:"那我要怎么说?"

"老前辈"微微眯起眼睛,缓缓说道:"你呀,得学会收敛自己的锋芒。在团队里,不要总是强调自己的功劳,多去肯定别人的付出。大家一起完成的任务,功劳不是你一个人的。以后在汇报工作的时候,不要只说自己做得多好、多快,要强调团队的协作和共同努力。这样,老板、同事都听着高兴,何乐而不为呢?"

不可否认,在职场中,有时候难免会受到同事或客户的排挤,甚至有的领导可能会以权谋私。但是,很多时候,这些"灰暗"的事情不宜直来直去地实话实说,即便要说,也需讲究方式方法。如果有人口无遮拦,不讲方式方法地大肆言说,可能不但不会收到效果,反而会让自己成为众矢之的。

同理,在其他一些场景中,有时避免实话实说,保持适度的沉默或模糊表态,会是一种明智的选择。当然,避免口无遮拦并不意味着要撒谎或者隐瞒真相,而是要在尊重他人、维护关系的基础上,用更加智慧的方式来解决问题。

多说"良言",少讲"恶语"

在现实生活中,我们常常目睹这样的情景:一句真挚且礼貌的话语,能够轻而易举地平息一场一触即发的争执;而粗鄙无礼的言辞,则极有可能引发一场轩然大波。诚如古语所云:"良言一句三冬暖,恶语伤人六月寒。"

言语既能彰显一个人的高雅气质,也可能暴露其粗俗不堪。相声,作为一门独特的语言艺术,正是精妙地运用了语言的魅力,凭借精准的表达与恰到好处的幽默,触动听众的情感,使其开怀大笑。这充分彰显了善言与不善言之间的天壤之别。

一个懂得如何恰如其分地表达的人,不仅能够展现自身的良好修养,还能让他人欣然接受其观点或建议,进而赢得他人的尊重与喜爱。

生日宴会上,主人特意身着一件多年前在异国他乡购置的乳白色蚕丝衬衫。正当他踌躇满志地向众人敬酒之际,一位朋友直言不讳地说道:"你的这件衬衫早已过时。你瞧,它的款式还是三四年前的呢……"此言一出,主人顿感无比尴尬。

所幸,另一位朋友及时挺身而出打圆场,解释道这是一件极为珍贵的蚕丝衬衫,穿在身上格外舒适,并且不易产生褶皱。

随后，众人纷纷应和。主人的心情也随之好转，生日宴会继续在欢乐的氛围中进行。

再看一个例子：

一位出类拔萃的员工因与上级意见相左，在公司重组期间被调整至基层岗位。他深感沮丧。许多人纷纷怂恿他辞职，然而，有一位老朋友却鼓励他说："世界上没有迈不过去的坎，我坚信你会越来越好。"这句话给予他极大的鼓舞，让他深信只要不放弃就会有机会。

经过一年的不懈努力，新的管理层走马上任后，他又重新回到了公司的核心部门，并最终荣升为公司副总。

"良言"恰似春雨，滋润万物，让枯萎的心灵重焕生机。当我们遭遇困难挫折时，一句鼓励的话语，能够驱散心中的阴霾，重新点燃希望之火。当我们感到迷茫无助时，一句真诚的建议，可以为我们指明方向，照亮前行的道路。当我们遭受委屈时，一句安慰的话语，能够抚平心中的伤痛，带来温暖与力量。

情感是相互的。你若对人友善，在他人需要肯定、鼓励、赞美之时，毫不吝惜地给予，那么，他人多半也会以同样的方式回报于你。反之，如果你常常贬损、讽刺他人，他人必然会以牙还牙、以眼还眼，对你也不会友善相待。这乃是基本的人情世故。因此，在生活中，我们要多讲良言，少讲恶语。

1. 学会换位思考

当与对方意见不合，想要反驳时，不妨先停顿片刻，问问自己：

如果我是对方，会有怎样的感受呢？我们生活在一个纷繁复杂的社会中，每个人都有自己的故事、经历和情感。倘若我们不能站在对方的角度去思考问题，很容易说出一些伤害他人的话语。

例如，在工作中，当同事的方案未得到领导的认可时，我们若直接说："你的方案确实不怎么样。"这无疑会让同事感到沮丧和失落。但如果我们换位思考一下，想象自己处于同事的位置，方案被否定，心情定然不佳。如此一来，我们可以选择用更为委婉的方式表达，比如："我觉得这个方案还有一些可以改进的地方，我们一起探讨一下怎么样？"这样既表达了自己的观点，又不会伤害到对方。

2. 多赞美，少批评

人们都热衷于听赞美的话语，所以多夸奖对方，少讲批评的话，更容易赢得他们的好感。赞美是一种强大的力量，它能够让人感到自信和快乐。比如在学校里，老师对学生的赞美往往能激发学生的学习动力。当学生取得进步时，老师及时给予赞美："你做得非常好，继续保持！"学生听到这样的话语，会更加努力地学习。所以，在可能的情况下，要多赞美，少批评。

3. 多学习，常实践

阅读经典作品，学习优秀人物的言行，可以提升我们的思想境界，让我们的话语更具智慧。书籍是人类智慧的结晶，通过阅读，我们可以汲取前人的经验和教训，丰富自己的知识和内涵。也可以多学习优秀人物的发言，并在平时勤加锻炼，将所学、所悟应用于实践，如此便能逐渐提升自己的说话水平。

"良言"犹如人际关系的润滑剂，能够温暖人心，增进情谊；"恶语"则是关系的毒药，会伤害感情，破坏关系。在日常生活中，我们要努力做到"多讲良言，少说恶语"，用温暖而真诚的话语，去构建和谐融洽的人际关系，让生活充满阳光与温暖。

该捧场的时候，莫拆台

生活里，我们时常邂逅各类需要"捧场"的情境。不管是朋友的生日派对、同事的升职欢庆宴，又或是日常的交际应酬，我们都得适时地予以捧场，表达祝贺与赞美之情，切不可说出不合时宜、有悖场合的话语，以免大煞风景。

老周身为一家公司的董事长，年轻时便钟情于书法，退休后更是将大把时光倾注于挥毫泼墨之中。一次，社区举办一场文化活动，老周兴致盎然地携着自己的几幅得意之作前去参与。活动现场，众人目睹他的作品后，纷纷赞叹道：

"老周，这幅字看上去苍劲雄浑，颇具大师风范哪！"

"您这书法水准，完全可以去参加专业展览了。"

聆听着这些赞美之词，老周脸上洋溢着得意的笑容，嘴上却谦逊地说道："献丑了，献丑了。"

就在这时，人群中突兀地传出一个不和谐的声音："也不咋地啊，很业余呢，结构松散，笔画也不规整……"

此言一出，众人面面相觑。有人说道："乱说啥呀，一看就不懂书法。"也有人说："每个人的审美各异，不可一概而论。"还有人说："年轻人说话真是不知分寸。"

见众人帮忙打圆场，稍微缓过神来的老周红着脸说道："年轻人说得对，我只是个业余爱好者，确实有很多需要提升的地方。"

实际上，老周的字确实写得较为一般，正如年轻人所言，这一点众人心中有数。然而，在自娱自乐的场合，没必要过于较真，让人陷入难堪之境。

捧场，首先需明晰什么是"场"。这里的"场"，即场面、场合之意。捧场，乃是在各种场合中对他人的某种活动表示支持、增添兴致，或者对别人的某种行为给予赞扬之语。捧场堪称一门语言的艺术。

善于捧场之人，通过恰到好处的语言、态度和行为对他人给予支持与鼓励。而不善捧场之人，往往看不透场面与事件，常常一上来就盲目吹捧一番，错把捧场当成拍马屁，结果费了九牛二虎之力，却未能达到应有的效果。

捧场，也可以说是在捧人。既然是捧人，就务必让人觉得有面子。例如，前往别人家做客，要感谢主人的盛情邀请，盛赞菜肴的丰盛美味，还可以夸赞主人的居家布置，小孩的乖巧聪慧，等等。再如，某人书法一般，不宜直接言说，实在想不出优点的话，可以夸赞他对书法的热爱，对传统文化的钻研等。若其本人也觉得写得一般，就更不能说"好字，好字"，否则就成了赤裸裸地阿谀奉承，或者被视为敷衍了事。

可见，捧场是一种社交礼仪，是在合适的时机，运用恰当的言语给予他人一定的肯定与支持，而非毫无原则地阿谀逢迎。倘若捧场不当，不仅会煞风景，还会破坏原本良好的交流氛围。

刘先生是一名保险业务员，有一回，他参加一位朋友父母的寿宴。在寿宴上，他对着寿公寿婆大谈人寿保险的益处，结果不仅保险没推销出去，还把人说得脸色阴沉难看。

还有一次，同事怀孕了，他却与人争论起来："如今社会如此内卷，真想不到养孩子有啥好处？"更让人无语的一次是，参加朋友婚礼，当朋友带着新娘来敬酒时，他一时语塞，想不出祝福之语，竟然说道："今天的饭菜太美味啦，下回别忘了请我，我一定捧场。"当时就雷倒一大片人，甚至有人私下打听："这人是不是故意出洋相，来砸场子的？"

真正擅长捧场的人，能够敏锐地洞察场面的氛围，精准把握说话的尺度。在热闹的聚会中，他们会适时地夸赞主人的精心筹备，让主人深感备受尊重；在公司会议上，他们会对同事的努力成果给予恰当的肯定与赞扬，有效激发起同事的工作积极性。

当然，并非所有场合都适合"捧场"。有些场合需要严肃认真，比如：在严肃的会议场合，应当保持庄重严肃的态度，避免不必要的玩笑和戏谑；在悼念活动中，我们更应该表现出对逝者的敬重与哀悼，而不应以"捧场"的方式进行调侃。

我们每个人都置身于不同的生活场景之中，很多时候，大家需要相互搭建舞台、撑场面。一个恰当的捧场能够瞬间拉近人与人之间的距离，打破陌生与隔阂。因此，在与人交往中，我们要学会在适当的时机给予他人正面的支持和鼓励，共同营造一个积极向上的社交环境。事实证明，当我们恰当地给他人捧场时，也会在他人心中树立起一个懂得欣赏、积极向上的良好形象。

该含蓄的时候，莫直言无忌

说话的艺术精髓在于精准把握分寸，尤其是在传递重要信息或触及敏感话题之际，含蓄的表达方式往往较直白而言更易达到预期成效。

古时，有一财主暮年得子，欣喜至极。孩子生辰那日，众多宾客前来道贺。财主询问一位客人："此子未来前景如何？"客人甲言："这孩子将来必做大官！"财主大喜，予以赏钱。接着，财主又问第二位客人："这个孩子将来如何？"客人乙道："此子将来定发大财！"财主再次赏钱。随后，财主询问第三位客人："这孩子将来怎样？"客人丙说："这孩子将来会死。"财主盛怒，将其暴揍一顿。

说假话者得赏，说真话者挨打。既不想说假话，又不想挨打，该如何是好呢？于是，只好回应："啊呀，哈哈，啊哈，这孩子吗？哈哈……"言辞极为含蓄。

含蓄并非含糊不清或隐瞒真相，而是一种满含智慧的平衡之策，使我们在坚守真实的同时，能够巧妙地维系各方关系。当我们欲提出不同意见时，可先肯定对方的努力与付出，再委婉地阐述自己的观点。

在含蓄表达方面，"邹忌讽齐王纳谏"的故事堪称典范。

邹忌身高八尺有余，容貌光彩照人。一日清晨，他穿戴整齐，照着镜子，问妻子："我与城北徐公相比，谁更俊美？"其妻曰："您美极了，徐公怎能与您相比！"城北徐公乃齐国美男子。邹忌不信自己比徐公美，便又问妾："我与徐公相比，谁更美？"妾言："徐公怎比得上您呢！"

次日，有客人来访，邹忌与他对坐交谈，问客人："我和徐公相比，谁更美？"客人道："徐公不如您美啊。"又过一日，徐公前来拜访，邹忌端详他，觉得自己不如徐公俊美；再照镜子看看，更觉远远不及人家。

夜晚，他躺在床上思忖此事，自言自语道："我的妻子认为我美，是偏爱我；我的妾认为我美，是畏惧我；我的客人认为我美，是有事想求助于我。"

次日，邹忌上朝拜见齐威王，说："我深知自己不如徐公美。然而我的妻子偏爱我，我的妾畏惧我，我的客人有事想求助于我，所以他们都说我比徐公美。如今齐国有方圆千里的疆土，一百二十座城池。宫中的姬妾及身边的近臣，无一不偏爱大王；朝中的大臣，无一不惧怕大王；全国范围内的百姓，无一不有事想求助于大王。由此可见，大王您所受的蒙蔽实在太严重了！"

齐威王听后说:"好!"于是下达一道命令:"大小官吏及百姓,能够当面批评我过错的,给予上等奖赏;上书直言规劝我的,给予中等奖赏;能够在众人集聚的公共场所指责我的过失,并传到我耳中的,给予下等奖赏。"

命令刚下达时,众多大臣纷纷进言献策,宫门和庭院如同集市般热闹;几个月后,仍不时有人进谏;满一年后,即使有人想进谏,也无话可说了。

邹忌并未直接指出齐王的过错,而是借自己与徐公比美这一生活小事,含蓄地表达了齐王受蒙蔽很深的观点,最终使得齐王欣然接受并广开言路。

在现实生活与工作中,含蓄表达能够助力我们更好地处理敏感话题。当我们要提醒朋友的错误时,直接指出或许会让对方尴尬,此时便可采用含蓄的方式,委婉表达。比如讲述一个相关的故事或者分享自己类似的经历,让朋友从中领悟到自身的问题,如此既能达成目的,又不会伤害感情。例如,"这个方案真的很有创意,不过,我有一个小小的建议,不知道是否可行……"这样的话语既体现了尊重,又能引入自己的观点,让人更容易接受。

又如,当他人发表一个观点,你既不便赞成,也不便反对时,此时尽可以"呵呵"。其实,这种"犹抱琵琶半遮面"的表达也代表了一种态度。否则,说话不考虑前因后果和场合,认为对就竖起大拇指点赞,认为不对就一个劲儿地摇头说:"错啦,错啦",很容易触碰到他人的敏感点,引发对方的反感。

因此,当我们面临这样的场景:在某些问题上,各种观点相互碰撞,不同立场彼此对峙,自己不便明确表达个人观点,也不宜支持任何一方，这时，便可采用含蓄表达，通过巧妙的暗示，在不引起反感和冲突的情况下，表明自己的观点。这并非圆滑世故，更不是逃避问题，而是一种维护和谐氛围的有效手段。

第三章

应酬有礼：做场面人，说场面话

社交的最高境界，是将做"场面人"的技巧与"真心人"的真诚相结合，即在保持真我的同时，也懂得如何与他人和谐相处，使各种人际关系达到一种和谐平衡的状态。

注重称呼技巧，提升称呼艺术

古人有云："礼仪之始，在于正容体、齐颜色、顺辞令。"而称呼，即对他人的称谓。称呼是否得体，直接映射出一个人的修养以及对他人的尊重程度，同时也彰显着双方之间的关系。

我们每天都要与形形色色的人打交道，从亲密的家人、朋友，到陌生的同事、客户。试想，当你初次见到长辈却直呼其名，那该是多么尴尬的场面。长辈会认为你缺乏教养，不懂尊重。在工作场合，若对上级未使用恰当的尊称，可能会给人留下不懂规矩的印象。

小李是一位刚入职的年轻员工，一日，公司迎来一位重要客户王总前来考察。小李被安排陪同并介绍公司的一些项目情况。然而，在介绍过程中，由于紧张，小李一时口误，直接称呼王总为"老王"。王总的脸色瞬间就变了。

介绍结束后，领导急忙将小李拉到一旁，说道："你怎能如此称呼客户呢？王总是我们的重要客户，理应尊称王总或者王先生。你这样的称呼会让客户觉得不被尊重，极有可能影响我们公司与客户的合作关系。"小李这才意识到自己犯了一个大错，心中懊悔不已。

此后，小李在公司的例会上被当作反面教材，以提醒其他员工在与客户和上级交往中务必注意称呼的恰当性，避免因称呼问题给公司带来不良影响。

得体的称呼背后蕴含着丰富的情感与文化内涵，向对方传达着"你很重要""你很好""我对你很重视"之意。在生活与工作中，要恰当地称呼别人，需注意以下几个问题：

1. 要记住对方姓名

姓名绝不仅仅是一个区分个体的标签，更承载着家人对我们的期望与情感。出于自尊的需求，每个人都渴望被尊重和认可，尤其是当自己的名字被准确无误地叫出时，那种被重视的感觉尤为强烈。古往今来，众多成功的领导者、企业家都极为擅长利用这一点，在寒暄时不仅说"您好"，还会加上对方的名字，这种做法往往能产生极佳的心理效应。

我们之所以会对那些即便多年未见，却仍能准确叫出我们名字的人感到格外亲切与钦佩，是因为这种简单而又有效的尊重方式触动了我们的内心。记住并正确使用他人的名字，是一种简单而有效的方式，能够在初次见面或久别重逢时给人留下深刻的印象，并建立良好的第一印象。所以，若想获得这种好印象，首先要在心中记住对方的姓名。

2. 注意语境和称呼对象的不同

在日常生活中，我们与熟悉的人交往时，可以较为随意地使用对方的昵称或小名，甚至是特定的绰号。这种方式往往能让双方感到亲近与自然，有助于增进彼此间的情感。然而，在公共场合，特别是在正式的会议、课堂等环境中，使用这类非正式的称呼则显得不够庄重，甚至可能被视为不尊重人的表现。在这种场合下，应该使用更为正式的称呼，如"某某先生/女士""某某同学"等。

对于不太熟悉的人、长辈、领导或是教师，使用小名或绰号也是不妥的，因为这可能被视为缺乏尊重。因此，在使用称呼时，我们应根据不同的语言环境和称呼对象，灵活地选择合适的称呼方式。

3. 有礼有节有序

在向多人打招呼时，如果群体中有年长者、年轻人以及异性在场，需注意称呼的顺序。一般来说，应遵循先长后幼、先上后下、先女后男、先疏后熟的原则。

称呼最能体现说话人的道德修养、知识水平和文明程度，也彰显着其交往技巧。称呼兼顾长幼差异，能让年长者感受到尊重，年轻人也会心中坦然；若顺序颠倒，不仅会使年长者不满，被称呼到的人也会感到窘迫。再者，应注重尊重女性，在与年龄、身份相同的群体打招呼时，先称呼女性，会让对方觉得你素质较高，从而更乐于与你交往。

得体的称呼如同行一个见面礼，能使对方获得心理上的满足，使沟通顺畅，交往成功。反之，不得体的称呼往往会引起对方的不快甚至愠怒，使双方陷入尴尬境地，造成交往受阻乃至中断。

可以说，称呼得体与否在很大程度上决定着人们交往活动的成败和管理效果的优劣。因此，无论是从事普通职业的人，还是身负一定职务的领导人或管理者，若想生活愉快、事业发展，都需要注重研究人际称呼的技巧，努力提升自己的称呼艺术。

寻找合适的话题，快速搭上话

在一些应酬场合中，倘若未提前做好准备，许多人在面对陌生人时容易陷入尴尬的聊天境地。往往是你问一句，我答一句，你若不问，我便也沉默不语。聊的内容无非是"天气不错""路上又堵车了""你是做什么工作的"之类，场面显得沉闷且无趣。要摆脱这一尴尬局面，关键在于学会没话找话，即能够自然而然地引出一些话题，既不显得突兀，又能激发对方继续聊下去的兴趣。如此一来，大家便能从无话可说转变为无话不谈。

应酬能力强的人永远不缺话题，无论与何人应酬，都能第一时间精准把握话题的方向。比如，他们先是尝试与你聊股票，接着又聊足球，倘若你没什么兴致，他们会立刻察觉到你对这些话题不感兴趣。于是，便会迅速调整方向，寻找新的话题来打破沉默，活跃气氛。那么，他们是如何做到这一点的呢？实际上，这里面存在一些技巧和方法。

1. 从周围环境寻找切入点

当处于陌生场合或与不太熟悉的人在一起而不知该聊些什么时，可以将周围环境作为话题的切入点。

若是在聚会场所，可以谈论房间的布置。例如："这个房间的装饰风格极为独特，你觉得这种简约现代风给人何种感觉呢？我对那个角落里的艺术摆件格外喜爱,很有创意,不知主人是从何处淘来的。"

天气也是一个常用且容易展开的话题。比如:"今日的天气变化多端,早上还阳光灿烂,这会儿却有些阴沉了。你觉得这种天气会影响心情吗?在这样的天气里,你一般会选择做些什么来放松自己呢?"

当前的活动同样可以引发交流。比如在一个户外运动活动中,可以说:"这个活动看起来十分热闹!你是否经常参加这类户外活动呢?我觉得这种活动既能锻炼身体,又能结交新朋友,确实很不错。你觉得呢?"

2. 询问开放性问题

询问开放性问题是一种极为有效的与他人展开交流的方式。它能够开启话题,引发更深入的对话和互动。开放性问题与封闭性问题不同,封闭性问题通常只需回答"是"或"不是",或者其他简短答案,而开放性问题则需要对方进行更详细的阐述和分享。

比如问:"你最近看了什么好看的电影?"如果对方提到一部电影,你可以接着问:"那部电影最吸引你的地方是什么呢?是精彩的剧情、出色的表演,还是震撼的视觉效果?我最近也正想找一部好电影来看,你觉得这部电影适合什么样的人看呢?"

3. 分享自己的经历

在与他人交流时,分享自己的经历可以让对方更好地了解我们,同时也能引发对方的共鸣,从而开启更深入的对话。

可以从最近发生的有趣事情入手,比如一次特别的旅行、一场精彩的演出或者一本令人深思的书籍。例如,你可以这样开场:"我去了一个古老的小镇,那里的建筑充满了历史韵味,街道上弥漫着浓浓的文化气息。"这样的分享能够勾起对方的好奇心，他们可能会询问你关于这个小镇的更多细节，比如有哪些值得一去的景点、当地的美食如何等。

在分享时，要保持真诚自然，切勿刻意夸大或虚构自己的经历。同时，要尊重对方的立场和感受，不要强行推销自己的观点。

4.关注对方的兴趣爱好

关注对方的兴趣爱好可以更容易地找到话题，从而开启一场愉快且深入的对话。例如，在一个社交场合中，你遇到了一个热爱摄影的人。可以询问他喜欢拍摄的主题是什么，是风景、人物还是动物；他有没有去过一些特别美丽的地方进行拍摄；在摄影过程中遇到过哪些有趣的事情或者挑战。通过这样的交流，不仅可以了解到摄影的魅力和技巧，还可能发现一些新的旅游目的地或者生活中的美好瞬间。

通常，当我们对他人的兴趣爱好表现出浓厚的兴趣时，对方会感受到我们的真诚和善意，从而更愿意与我们分享他们的生活点滴和内心感受。

综上所述，寻找话题并快速与他人搭上话并非难事。生活中，目光所及之处皆可成为话题的来源。只要我们用心去观察，以与人共鸣的态度去寻找，即便在陌生的场合与不太熟悉的人应酬，也能第一时间找到交流的切入点，开启一段轻松愉快的交流之旅。

不是所有的客气都是真心的

客气，乃一种礼貌之举，可营造出和谐融洽之氛围，增进彼此的理解与信任。然而，并非所有的客气皆出自真心，倘若误将客气视为福气，极易引发误解，甚至致使利益受损。于朋友之间，尤其如此，若一方总是"不明事理"，把对方的客气当作真心，便可能伤及这段情谊。

在生活与工作中，许多人惯于享受他人提供的便利，甚至将对方的"善意""客气""忍让"等视作理所当然，肆意消耗。一旦不合己意，便会即刻站在道德制高点，给对方贴上不真诚、不友善的"标签"。此般行为，不仅凸显出自身的狭隘与自私，也会给他人带来困扰与伤害。

刘某在小区经营着一家水暖器材商店，日子久了，不少人只借不买。他秉持和气生财的经商理念，不论谁来借，皆予满足。某次，小区一人将工具用坏后送回，还言："你这工具怕是早坏了吧？明日我给你修修。"刘某礼貌回应："放那儿吧，我自己来修。"那人倒也听话，放下便走。又有一回，有人借走工具未还，刘某讨要，对方回说："改天给你送去。"刘某道："我去取也行。"那人实诚，果真未送，只等刘某上门自取。

刘某屡遭伤害，此后，再有人来借工具，一概不借。

在刘某眼中，借工具给他人，是一种情分，而借用人及时归还则为本分。然而，有人却常常颠倒黑白，错把客气当作自己理应享有的福气。

那么，如何避免错误地将他人出于礼貌与善意表现出的客气当作自己理应享受的福气，不断逾越正常的人际关系界限呢？关键在于提升四个认知。

其一，人家客气，是给你颜面。他人对你客气，往往是出于修养与善意，给予你一份尊重与体面。你若不知趣，只会让这份尊重与善意冷却，伤了对方之心。客气在人际交往中如润滑剂一般，但绝非你得寸进尺的借口。需明白，别人的客气是有限度的，一旦超越界限，迎来的将是冷漠与疏离。恰似手捧一掬清泉，若不珍惜，肆意挥霍，终会干涸。

其二，为人低调，不等于没底线。低调之人不喜欢张扬、不愿炫耀，习惯于默默做好自己之事。然而，这并不意味着他们没有原则与底线。切不可因他们的客气而误以为他们好欺负，更不能将他们的低调当作自己得寸进尺的理由。若把别人的低调当作没脾气，肆意践踏他们的善意，那么最终失去的必将是他们的信任与尊重。

其三，给你方便，不是让你随便。当别人给予你方便时，那是一份特殊的关照，是对你的信任与友好，但这绝不是让你随便对待的理由。你不能滥用这份方便，把别人的善意当作理所当然。要知晓，方便是有边界的，一旦越界，方便将不再。如同打开一扇门，你可以通过它走向更广阔的天地，但不能在门内肆意破坏。珍惜别人给予的方便，以感恩之心回报，方能让这份善意延续下去。

其四，帮是情分，不帮是本分。当别人伸出援手时，那是一份情分，值得我们铭记于心。但我们不能把这份情分当作义务，认为别人理所当然应该如此。

每个人都有自己的生活与选择，不帮你是他们的本分。不要因别人的拒绝而心生怨恨，要理解他们的难处。同时，当我们有能力帮助他人时，也应慷慨相助，但不要期待回报。因为帮助他人，本就是一种情分，而非交易。

人情犹如消耗品，并非取之不尽，用之不竭。切勿错把别人对你的客气当作自己理所当然应享受的福气。尊重他人，珍惜他人的善意与好心，方能在人际交往中收获真正的友谊与幸福，让自己的人生之路愈走愈宽。

来了都是客，要一视同仁

在茫茫人海中，每个人皆渴望被他人看见、认可与重视。出席各类场合、参与诸多活动，恰是人们展示自我、博取关注的一种重要方式。需留意的是，当自己扮演主人角色时，务必秉持"来者皆是客"的理念，平等地对待在场的每一个人，做到一视同仁，绝不可厚此薄彼。

战国时期，中山国国君大宴群臣，宴会的主食为羊肉排骨汤。此汤极为美味，然前排臣子只顾自己尽情吃喝，全然未考虑后排之人。待轮到司马子期时，锅中已然空空如也。

目睹他人吃得津津有味，司马子期深感被羞辱，怒火冲天，一气之下转投楚国，并鼓动楚王联合赵国攻打中山国。中山国国君兵败逃亡之际，仰天长叹："吾竟因一杯羊羹而失国矣！"

"一杯羊羹失国"的故事深刻警示我们，待客之道看似微不足道，实则至关重要。倘若仅因身份地位的差异而区别对待他人，轻视任何一个人，皆有可能酿成大祸。同时，它也提醒我们，在与人相处或处理事务时，应尽可能考虑周全，避免因疏忽或不当行为而得罪他人。

现实生活中，待客之时，除了要留意自己的言辞之外，还要关注一些细节，谨防厚此薄彼，让人觉得失礼。

其一，活动前应做好充分准备。

对参与人数需进行较为准确的预估，以确保资源得以合理分配，避免出现如中山国宴会上羊汤分配不均的情况。以食物准备为例，可依据人数确定所需食物的分量。在采购食材时，要充分考虑不同人的口味偏好与饮食需求，尽可能提供丰富多样的选择，保证每个人都能享有同等的待遇。

又如，在安排座位时，需注意避免出现明显的尊卑之分。座位的安排往往会在不经意间传递出地位与重要性的信号，故而应当以平等、公正的原则进行布置。可采用圆形、方形等对称的座位布局，让每个人在视觉上都能感受到被平等对待。

其二，时刻关注每个人的需求和感受。

不可只与熟悉之人或地位高的人交流互动，而忽略在场的其他人。要主动与那些较为沉默或不太引人注目的人交谈,让他们感受到自己的存在是被重视的。比如,在一场聚会中,若看到有人独自站在一旁,主人可主动上前问候,以温暖的笑容和真诚的语气询问他们是否需要帮助。可以从一些轻松的话题入手,如询问他们对聚会场地的感受、近期是否有观看有趣的电影或阅读书籍等,逐步打开他们的话匣子,引导他们融入活动中。

其三,处理问题要公正公平。

若在活动中出现矛盾或争议,不可偏袒任何一方,要以客观的态度了解事情的来龙去脉,作出公正的裁决。就如同在一个会议中,不同的人提出不同的观点,不可因个人喜好而偏向某一方。每个人的观点都应得到平等的对待和尊重,无论其是否与自己的意见一致。在讨论过程中,要确保每个人都有机会发言,不被打断或忽视。同时,也要引导大家围绕问题的核心进行讨论,避免陷入无意义的争吵或攻击。

其四,及时进行总结反思。

要及时回顾整个过程中是否存在做得不到位的地方,以便在下次活动中加以改进。同时,对于那些可能在活动中感到被忽视的人,可以通过电话、微信、邮件或者面对面交流的方式,表达自己的诚意和歉意。向他们解释活动中的情况,说明自己并非有意忽视他们,而是由于各种原因未能做到尽善尽美。同时,倾听他们的感受和意见,了解他们在活动中的体验和需求,以便在今后的活动中更好地照顾到他们的感受。

社交场合丰富多样,无论是热闹非凡的聚会、轻松惬意的茶话会,还是严肃庄重的会议、正式的商务洽谈,皆应以平等、公正的态度对待每一个人,避免因对方的身份地位不同而区别对待,更不可因个人的喜好而厚此薄彼。如此，我们方能与不同性格、不同背景的人建立起良好的关系，并树立起良好的个人公众形象。

不做场面上的"闷葫芦"

应酬的核心要义在于建立并维护关系，于轻松愉悦的氛围中达成共识或实现目标。然而，不少人却将应酬视为"煎熬"，觉得自身性格内向、不善言辞，只能默默充当"背景板"。于是，自始至终都被他人牵引着话题、掌控着场面，自己则扮演着"闷葫芦"的角色，尴尬地游离于场面之外。

为何有些人会在社交场合沦为"闷葫芦"呢？究其原因，主要有三：其一，天生性格内向，不擅表达，在社交场合易感到紧张与不适，故而寡言少语；其二，缺乏自信，担心说错话或表现欠佳，因而选择沉默，以免成为众矢之的；其三，缺乏社交经验，不知如何与他人建立联系、展开话题。

著名作家莫言在早期创作生涯中，也曾遭遇类似困境。年轻时，性格内敛的他面对写作圈的社交场合，总觉得格格不入，无法与其他作家畅聊创作心得，更别提结识同道中人。不过，莫言并未选择逃避，而是主动尝试融入群体，在诸多场合与同行交流，从同行经验中汲取养分，并逐渐形成自己的表达方式。最终，他凭借独特的写作风格与深邃的思想，在文学界取得非凡成就。由此可见，即便是性格内向之人，只要积极主动、打破沉默，也能在社交场合找到自己的一席之地。

若想摆脱"闷葫芦"的标签，成为应酬场合的"活跃分子"，可从以下几个方面着力：

1. 转变传统应酬观念

在传统观念里，应酬常被视作一种务虚之举。许多人认为应酬只是表面的交际活动，缺乏实质性内容与价值。受此观念影响，不少人被动参与应酬，在场面上能少言则少言，能不言则不言，以应付了事。

如今，应酬已不再仅仅是简单的吃吃喝喝、相互寒暄，而是演变为一种重要的社交方式与商务手段。在应酬场合中，人们能够交流信息、拓展人脉、寻求合作机遇，甚至可以解决一些实际问题。不懂应酬，便可能在诸多重要场合错失良机。

2. 学会主动引导话题

当发觉自己被他人的话题牵着走时，要适时提出自己感兴趣的话题或与大家相关的问题。比如，在一个讨论旅游的场合中，倘若你对某个特定的旅游目的地有着独特体验，那么完全可以大胆分享自己的故事。可以绘声绘色地描述那个目的地的美丽风景、独特文化或自己的有趣经历。自然而然地引导大家围绕这个目的地展开讨论，询问大家对这个地方的印象、是否有前往的计划，或者请他们分享类似的旅游经历。

通过分享自己的故事并引导话题，你向他人展示了自己的兴趣爱好、丰富阅历与独特见解。大家会因你的积极参与而更加关注你，也会更乐意与你进行互动和深入交流。

3. 善于倾听和回应

掌握主动权并非一味地主导话题，而是在交流的动态过程中巧妙地把握节奏。其中至关重要的一点便是在交流中做到认真倾听他人的观点和意见。当你静下心来，全神贯注地聆听他人说话时，展现出的是对对方的尊重与关注。这种倾听不仅是听清对方的话语，更要理解其话语背后的情感、意图和需求。

当他人分享自己的观点和经历时，可以通过点头、微笑、适当的言语表达等方式，让对方感受到我们在认真倾听并且对他们的话感兴趣。当别人感受到你的关注与尊重时，他们会更愿意与你交流。因为在这个过程中，他们体会到被重视的感觉，觉得自己的声音被听到，自己的价值得到了认可。而你也由此获得更多表现的机会。

4. 保持自信和从容

在应酬场面中，切不可唯唯诺诺或扭扭捏捏，要勇敢、自信地表达自己的想法和观点。这种自信不仅体现在言语上的坚定，还展现在眼神的交流、肢体语言的舒展以及整体气场的稳定。从容的举止恰似优雅的乐章，让你的每一个动作都显得那么自然得体。无论是微笑、握手，还是坐姿、站姿，都透露出一种沉稳与大气。

此外，还应多主动参加各种社交活动，例如聚会、演讲、会议等。参加社交活动能够帮助你积累社交经验，结识更多朋友，提升自信心。

第四章

吃喝有别：饭局不只是吃吃喝喝

从古至今，饭局从来都不是简单地满足口腹之欲。它是人际交往的重要舞台，是情感交流的温馨场所，更是商务洽谈、文化碰撞的独特空间。只有参透饭局背后的深意，揭开那些隐藏在美食与觥筹交错之间的社交密码，才能借吃喝融入圈子，捕捉机遇。

看不明白的饭局，不要轻意加入

中国人向来将饭局置于社交的核心位置，使得原本功能单一的饭局成为纷繁复杂社会万象的生动缩影。在晚高峰时段，倘若在路上随意拦住一人询问："你接下来要做什么？"答案无外乎两种：其一，赶着回家吃饭；其二，奔赴某个饭局。可以说，吃饭不单是生存之需，更是生活与社交的重要场景。

在现实生活中，人际关系与"吃"有着天然的紧密联系。例如，我们将陌生之人称为"生人"，熟识之人称作"熟人"。不仅如此，生活的诸多方面似乎都能与"吃"关联起来：受重视被称作"吃香"，混得顺遂叫"吃得开"，嫉妒他人是"吃醋"，拿佣金被称为"吃回扣"，容貌美丽为"秀色可餐"，对某物心怀觊觎则是"垂涎三尺"。"吃"凭借其丰富的内涵，在社交中被运用得极为精妙。

具体到某个饭局，与谁吃、吃什么、怎么吃，皆大有讲究。很多时候，表面上吃的是饭，背后"吃"的却是人情世故。此时，饭局就如同一个独特的小剧场，演绎着各种社交风云。所以，当面对那些让人看不明白的饭局时，需保持一份清醒与谨慎，切不可轻易入座。

小李是一家互联网公司的职员，入职刚一个多月。公司老员工老张平日里帮了他不少忙，因此，他与老张关系颇为融洽。

最近，有传闻称老板准备辞退一些老员工，老张也在其列，而小李和老张对此却毫不知情。

一日临近下班，老板面带微笑地走进他们的办公室，说道："大家晚上一起吃个饭吧。"小李颇感诧异，平日里与老板交流甚少，怎会突然请大家吃饭呢？碍于情面，小李不好拒绝，便按时赴约。抵达餐厅后，他发现仅有三人到场：老板、部门经理和老张。老张是老板特意点名必须要来的。部门其他同事明明都笑着应承"好啊！好啊"，为何却不见他们的身影呢？小李满心疑惑。

见小李到来，老板说："来，坐吧。"此时，小李注意到桌上已点好了几道菜，其中一道"炒鱿鱼卷"格外显眼，对此，他并未多想。

饭局开启后，老板先是简要询问了老张最近的工作与生活状况，随后话锋一转，开始回忆公司的发展历程以及曾经共同奋斗的日子。小李隐隐觉得有些不妥，但又说不出具体缘由。其间，部门经理多次支开他，一会儿让他去找服务员咨询事情，一会儿又让他帮忙买包烟。事后，小李才得知老张被公司辞退了。

从这次特殊的饭局经历中，小李深刻体会到饭局的复杂多变。此后，再有人邀请他吃饭，他便不再那么爽快地答应了。

要参加某个饭局，首先必须看明白这个饭局。毕竟，只要是饭局，就必然涉及应酬。在众多饭局中，以社交为目的的饭局最难应付。即使菜品美味可口，也不可随意享用。所以，下次有人请吃饭时，一定要先想清楚三个问题。

1. 对方为什么邀请我

面对饭局邀请时，若不清楚饭局发起人的目的，切勿贸然参加。

饭局的性质五花八门：或许仅仅是纯粹的社交联络，众人相聚一堂，交流感情、分享生活趣事，在轻松愉悦的氛围中度过一段时光；也有可能是在工作上、生活中遭遇难题，期望借饭局之机向你寻求帮助或者合作等。唯有弄明白邀请者的真实意图，方能决定是否参加。

2. 参与者都有谁

当接到饭局邀请时，应了解饭局的参与者还有哪些人，以便对这场社交活动中可能面临的情境进行预判。如果饭局的参与者是熟悉且相处愉快的朋友、同事或者合作伙伴，那么这场饭局很可能会是一次轻松愉快的交流机会。如果饭局中有一些不太熟悉的人，或者是与自己存在矛盾、竞争关系的人，那么情况就会变得相对复杂。如果有重要的领导、客户或者行业专家出席，那么这场饭局可能会更具商务性和专业性。

3. 我在饭局中的角色

通常，饭局中的角色主要有三种：一是贵客；二是陪客；三是"道具"。在接到饭局邀请时，一定要认清自己在饭局中的角色。如果被视为贵客，若无特殊情况应尽可能参加。如果是陪客，要协助主人营造良好的饭局氛围，促进宾客之间的交流和互动，那就酌情考虑是否参加。如果只是一个"道具"，那就要谨慎思考参加这样的饭局有何意义、做这个"道具"是否会受到牵连等。如果连"道具"都算不上，那么最好就不要参加了。

饭局看似平常，却是一个浓缩了人情世故的微观社会。想要在饭桌上营造出温暖且充满活力的氛围，增进彼此感情，并非简单的吃喝谈笑所能达成，更需要一种智慧与策略，而"入对局"便是其中最为关键的一步。

吃什么不重要，关键看和谁吃

中国人对吃喝极为讲究，诸多时候，所食之物不只是美食，所享之境不只是氛围，更是深厚的文化与特定的圈子。通常来讲，观察一个人常出入何种饭局以及其在不经意间扮演的各类角色，在一定程度上便能洞悉其身份、地位、兴趣乃至品位。

比如，当你有求于人而设饭局时，为防止冷场，可邀几位地位相当之人，或者至少是能畅聊的朋友作陪。如有需要，为活跃气氛，还可邀请一两位女性加入。这是请客吃饭的常见方式。

纯粹的朋友聚餐，大多不会计较时间、地点和人物。资金充裕便去高档饭店，囊中羞涩吃大排档或烧烤也无不可。提前约好的早早到来，临时受邀的也无须多言，"想来就来，不来随意"。一顿饭过后，原本相识的成为老友，原本陌生的则成为新朋。

然而，有些人并非想请就能请得动的。例如，你想请某些大人物吃饭，前提是你得付得起"出场费"，而且还得看对方愿不愿意赏光。否则，你无法出现在他们的饭局之中。

所以说，很多时候，吃什么并不重要，吃的目的以及与谁共食才是关键。若哪天大家争着请你吃饭，并且以和你吃饭为荣，那么在众人眼中，你定然是个不凡之人。有些人时常抱怨，称自己活得太累了，近来毫无空闲时间，前天刚与某个大老板饮酒，昨天又和

"某总"吃饭。实际上,他们多半并非真正在抱怨生活的劳累,而是在变相地炫耀自己、抬高自己。

故而,吃饭也是在"吃身份""吃地位"。你与大人物吃饭,容易让人产生联想:这人必定有过人之处,或者是有特殊的本事。若整天与一帮无所事事之人吃吃喝喝,会降低自己的品位与层次,让人觉得此人毫无追求,整日好吃懒做混日子。

老张是个极具才华之人,在某地摄影圈中小有名气,常常被邀请参加一些讲座。不知从何时起,他开始热衷于参与各种饭局。在饭局中,他接触到形形色色的人,其中不乏一些游手好闲、只知相互吹捧之辈。老张每日周旋于这些人之间。酒过三巡,大家便开始高谈阔论,谈论的全是些毫无价值的东西,对摄影艺术的光影之美、构图之妙却闭口不谈。

久而久之,认识他的人都觉得"老张这人有点务虚""前后判若两人",但老张却认为这是别人在嫉妒他的人脉。他说饭局为他打开了一扇崭新的大门,让他看到了生活的另一种可能。他开始瞧不起那些钻研摄影艺术的同行。

事实上,老张所谓的人脉非但没有给他带来任何实际益处,反而降低了他在人们心目中的地位。最后,老张被当地摄影协会除名,也再无人邀请他举办讲座。

从现在开始,不妨反思一下自己都参加过哪些饭局,与哪些人打成一片。如果都是一些无关紧要的"小人物",或者是一些指望跟你混饭吃的"小角色",那说明你的层次与品位也并不高。如果时常能与一些有头有脸的"大人物"碰杯,说明你多少有些能耐,至少有一定的利用价值。

许多社交行为都是由利益驱动的。作为一种重要的社交形式，饭局也是如此，很多时候，它绝不仅仅是为了享受美食，还承载着极为重要的社交属性。因此，在参加饭局时，我们有必要先了解一下赴宴之人都有谁，预测一下饭局中将会发生什么"故事"，然后再决定是否参加，以及以何种态度参加等。

偶遇的饭局，要不要参加

有两种人常常现身于各类饭局之中。其一，是人脉广博、办事得力之人，他们将饭局视作拓展资源、促成合作的良好契机；其二，是热衷于撑场面、四处经营关系之人，他们借助饭局寻觅面子、融入圈子。前者在饭局中纵横捭阖，拓展事业版图；后者在饭局中左右逢源，编织人际网络。总之，这两类人不是在饭局中推杯换盏，就是在奔赴下一场饭局的途中。

倘若有一日，你邂逅一位朋友，上前问候道："吃了吗？"朋友回应："没有。"你客套地说："一会儿正好有个饭局，你也过来吧，大家一起坐坐，聊聊天。"没承想，朋友欣然应允："好啊，好啊。正好我们许久未曾见面了……"

此时，你是否会埋怨自己多嘴，抑或是抱怨这位朋友不识趣呢？其实，这也怪不得你。毕竟，见面打招呼、寒暄乃是一种基本礼节。

但凡懂点人情世故的人，都明白在这种场合下所说之话，多半只是客套，无须当真。在上述情形中，那位朋友也理应明白这个道理，然而他却满口答应，觉得自己受到了诚挚邀请，那可真是妥妥的不懂事了。在现实生活中，像这样的人并不少见。

通常情况下，只要是偶遇的饭局，不论双方关系多么要好，都建议不要参与。朋友此时的邀请往往只是一种礼节，倘若他真心邀请你，必定会提前打电话告知。当朋友礼邀时，你礼貌地婉拒，这是在朋友意料之中的结果。而一旦你贸然答应，便会让朋友措手不及。倘若朋友并非饭局主人，当你真正坐到饭桌上时，朋友还得为你这位"不速之客"寻找理由，这无疑会让朋友陷入尴尬之境。

在别人邀请你吃饭这个问题上，一定要学会分辨对方的真实意图。通常，可以从邀请的方式、语气以及场合等方面去揣摩对方的心思。如果邀请显得很随意，没有具体的时间和地点安排，那么大概率只是一种客套话。而如果邀请是经过精心准备，有明确的时间、地点和活动安排，那很可能是对方真心希望与你共享一顿美食，交流一下感情。

同时，也要考虑自己在对方心中的位置，以及双方的关系亲疏程度。如果平时联系并不紧密，突然的邀请可能别有目的。也许是有求于你，或者是为了拓展人脉。在这种情况下，必须谨慎对待，权衡好利弊后再作出决定。

> 下班前夕，陈先生偶然听到一些同事在议论：下班后要去部门经理老赵家吃饭。他心中诧异，便顺口问了一句。一位同事说道："下班后一起去吧。"陈先生推辞道："还是不了吧，老赵又没喊我，我贸然过去多不好意思啊。"

同事笑着说："别这么矫情嘛，大家都是同事，天天抬头不见低头见的，说不定他是忘记喊你了呢。"陈先生一听，似乎有点道理，于是便和同事一同买了水果，前往老赵家。

　　老赵一见到陈先生，脸色瞬间僵住，在饭局上也不怎么搭理他。陈先生也察觉到自己被忽视了，心中颇为不解：大家明明都是同事，而且今天来的几位也都是比较熟悉的人，为何唯独自己不被待见呢？

　　其实，老赵一直对陈先生的工作不满。去年有个项目，正是由于陈先生的疏忽，致使老赵被领导训斥了一顿，还被扣了两个月的奖金。今年老赵负责的一个项目进展得十分顺利，为了鼓舞大家的士气，老赵在家里安排了一桌酒席，犒劳部门的一些员工，而陈先生并不在邀请人员名单之中。

　　在这个案例中，陈先生的不请自来，让双方都陷入了尴尬的境地，也无形中破坏了饭局的氛围。相信，下次再遇到类似的邀请，他应该知道如何回应了。

　　间接得知的饭局，说明你并不在主人的邀请之列，如果主动前往，那便是一种失策。对于这样的饭局，千万不要单纯地认为："如果我不去，会不会让同事没面子？"你不去才是给足了面子，你去了，反而会让对方没面子。理由有三：

　　其一，对方原本就不想让你参加。间接通知你，只是一句客套话。如果他想让你去，他会亲自邀请你，而不会让别人来转告你。

　　其二，双方的关系不到位。人情、关系都有虚假、虚空的一面，不要以为大家一起吃过几次饭、喝过几次酒，就是至交好友了，那你可能高估了双方的关系。有些饭局是聚会性质的，有些是工作性质的，有些则是私密性质的。在参加一个饭局之前，先掂量一下自己与主人及其他参与者的关系，关系不到位就不要去。

其三，不被重视。不请自来的情况下，可能会耽误人家说一些私密的事情。再说了，人家早就算好了人数和座位，你这一去不是给人添麻烦吗？

除此之外，圈子也是一个非常重要的考虑因素。如果大家原本不是一个圈子的，性格、爱好、价值观，甚至文化、职业背景都天差地别，去了也是自找不痛快。毕竟，饭局是具有社交属性的，在饭桌上没有一句共同语言，只知道闷头吃也不太合适。

所以，被间接通知或是偶遇的饭局最好不要参与，礼貌地推辞才是上策。如果一定要去，必须做好充分的心理准备，并且要有足够的临场掌控能力，以应对可能出现的尴尬场面。

领导让去催菜，记得要晚回

对许多人而言，公司聚会堪称一场令人满怀期待的盛宴。同事们齐聚一堂，尽情品尝美食，欢声笑语此起彼伏。在这样的场合中，看似氛围轻松随意，大家也都无拘无束，然而，某些细节实则蕴含着特殊深意，需格外留意。例如，刚上了几道菜，大家正在享用之际，领导突然吩咐你出去询问某道菜做得如何了。

此时，切不可单纯地认为：领导等不及这道菜了。有的人接到领导的这个"指示"后，会径直奔向前台，甚至闯入后厨，催促道："我们那道××××怎么样了？快点啊，酒都喝光了，菜还不见踪影。"随后又一路小跑着回来汇报："领导，我已经催促过了，稍等，马上就好。"这时，领导很可能会说："那好，这样吧，你再跑一趟，帮我去买包烟。"

"领导，桌上有烟呢，还是华子。"

"我喜欢抽×××，麻烦你帮我跑一趟吧。"

类似的情形在饭局中屡见不鲜。为何刚点完菜没多久，领导就让你去催，而且你回来后，领导还让你再次出去办事呢？归根结底，是你误解了领导的真实意图。表面上看，他是让你去催菜，或者是帮忙做其他事情，实则另有目的。所以，下次遇到类似情况，切勿盲目执行，一定要先看清场面，再灵活应对。

通常情况下，领导无端让你去催菜，主要有以下原因：

1. 为了支开你

一般来说，办公桌上谈公事，酒桌上论私事。而且，有时候即使是公事，到了饭桌上也容易转化为私事。因此，很多时候领导会借着让你催菜的时机，与他人谈论一些私密话题。这时，你离开酒局后，应尽量在外面多停留一段时间，而不是真的去催菜。

如果你看到上级与他人交流时总是欲言又止，那么你要想到可能是因为你在场，有些话不方便说。在这种情况下，不要等到领导让你催菜才离开饭桌，而要找个借口主动离开，比如，去卫生间或者抽支烟等，在外面停留一会儿后再回来。回来时，最好发出一些声响，让在场的人知道你回来了。

2. 你不识眼色

作为下属，应当在领导想到要做的事情之前，就作出相应的反应。反之，如果稳如泰山般坐着，一动不动，既不知道倒酒，也不知道递烟，完全缺乏陪同人员应有的勤快劲与灵活性，领导肯定会心生不满。考虑到客人众多，碍于情面，同时也有照顾你的情绪等因素，领导便会安排给你一个看似不起眼的小活，比如催菜、添汤等。这其实是在暗示你行动起来，不要老是坐着一味地吃，而是要多多服务客人。

3. 提前的约定

俗话说："不打无准备之仗。"饭局本身就是一种"局"，既然是局，自然涉及入局之前的精心准备。当与某些特殊的客人一同用餐时，作为东道主一方，通常会提前进行一些安排。例如，提前在车里备好礼品，安排好买单事宜，以及其他活动。当这一切准备就绪后，何时着手落实呢？安排你到服务员那里催菜，就是一个信号，也是一个契机。在这短暂的时间里，你要将那些不能也不必在饭局上明说的事情做好。

4. 缓解尴尬局面

有时饭局中难免会出现一些尴尬的情况，比如争论、冷场或者有人说了不合时宜的话。领导让你去催菜，可能是希望借此来缓解尴尬的局面。当你离开后，领导可以利用这段时间来调节气氛，引导话题走向更加和谐的方向。你在接到这个指令后，应该迅速行动，离开饭局现场。但也不要真的只是去催菜，可以在外面稍作停留，观察一下饭局的情况。如果过了一段时间，感觉气氛有所缓和，再适时地回去。

在多数情况下，领导让你去催菜都是有其用意的，否则，他就直接询问服务人员了。所以，面对这样的暗示，要紧密结合当时的处境灵活应对。否则，很容易弄巧成拙，帮了倒忙。

喝的不是酒，喝的是礼数

无规矩不成方圆，于酒桌之上，此理更是昭然。欲赏美酒之醇厚，当谙酒桌之规矩。若仅沉湎于酒之美味，肆意畅饮，而对其中礼数规则茫然无知，难免生误。那些在社交场合中应对自如之人，既深谙以酒会友之妙谛，又对酒桌礼数洞若观火。于他们而言，酒桌不只是饮酒之所，更是交流情感、展现素养之舞台。在觥筹交错之际，尽显得体言行、恰当礼数。

小周对酒颇为喜爱，可是常因饮酒过量而胡言乱语。有一回，经理设宴款待几位贵客，知晓小周酒量甚佳，便邀他前来作陪。能获经理赏识，小周自然欲好好表现一番。宴席伊始，经理先行开场，然几杯酒下肚，经理便难以为继。于是，他向小周使个眼色，示意"你来"。小周自恃酒量过人，觉得将对方喝倒易如反掌。

就在小周举杯之时，对方却道："今日已喝得差不多了，改日再喝。"实则并非客人已尽兴，而是觉得小周身份不够。但小周却未如此想，一心只想陪好对方。客人无奈，只好应战。先是几位客人轮番而饮，接着再逐个单挑。

很快，桌上三瓶白酒见底，小周也有些难以支撑，开始告饶:"今日喝多了,明日再喝。"客人却道:"还没尽兴,咱们接着喝啤酒吧。"几瓶啤酒下肚,小周便开始口无遮拦,经理早已昏沉,不知他所言何事。事后,经理方知小周说了诸多不当之语,原本快谈成的项目也告吹。自此之后,经理再未带小周参加任何饭局。

酒局,尤其是商业酒局,看似简单的聚餐饮酒,实则蕴含丰富社交内涵。若欲使酒局圆满,达到自身预期,酒局中的一些基本规矩与礼数不可不知。

1. 己不饮,则勿劝人

酒局之中,有部分人自己不喝,却在一旁竭力劝他人饮,此做法甚为不妥。他人嘴上或许与你客套几句,心中却往往不悦:你究竟懂不懂规矩,岂有如此劝酒之理?最起码你也应端起酒杯来劝,你仅凭一张嘴劝,我便傻傻地喝,哪有这般道理!自己不饮却一味劝他人饮,不仅显得毫无诚意,还会让被劝之人深感不适。故而,当自己不饮时,尽量不要劝他人饮。

2. 少言"感情深,一口闷;感情浅,舔一舔"

饮酒之时,切不可将这句话常挂嘴边。为何?因这句话一旦出口,注定两头不讨好,尤其在人多的宴会场合,弊端更为明显。试想,当你说出此话,便等于在划分与谁感情深、与谁感情浅。那你与哪些人感情浅,只需舔一舔即可呢?既然与我仅有如此浅薄之感情,那下次我便不与你饮了。而若要与每个人都感情深,一口闷,首先便苦了自己,同时也让对方陷入两难,对方或许觉得不陪着一口闷便显得感情不深,只能无奈舍命陪君子。

3. 酒量再好，也别一上来就四处敬酒

真正堪称"千杯不醉"之人，往往懂得在前期"韬光养晦"，细水长流，后期方厚积薄发。若你天性热情，又着实能喝，且饮酒之时有几位领导在场，那务必牢记一条重要原则：一定要等领导们相互喝完之后，再去敬酒。切不可一上来就举着杯子四处敬酒，这种过度热情常被人视作幼稚之举。

身为领导，为确保公平，一般会与在场所有人都喝上一杯后再坐下。而若你并非领导，最好跟随大多数人的做法，敬一人即可，不适宜一人敬多人。出风头的结果往往是成为"众矢之的"，即便你酒量再好，也难以抵挡众人的"车轮战术"。

4. 碰杯、敬酒，当有说辞

这是许多酒桌"新人"容易忽略的重要问题。他们往往鲁莽地向别人举起酒杯，却无恰当说辞，或者只是胡乱说几句敷衍了事。在此情形下，对方若与你饮，那是给面子；若不与你饮，多半是因你劝酒之法不够高明。试想，那些常赴饭局之人，倘若别人一劝就喝，那他们又如何受得了呢？所以，在举杯之前，一定要寻些恰当理由或者精彩劝酒词。

5. 勿将"我不会喝"挂嘴边

即使真的完全不能饮酒，也切不可将"我不会喝酒"挂在嘴边。不然，不知情之人很可能在心里认为你虚伪。何况，一个人能否饮酒，往往能看出来。若确实滴酒不沾，那在任何宴会上都坚决不要饮。因为一旦开了先例，当众饮了一次酒，那以后就要做好经常饮酒的准备。毕竟，别人看到你曾经饮过酒，便会认为你多少能喝一些。所以，若你确实不能饮酒，那从一开始就不给别人劝酒的机会。

除上述酒桌规矩和礼数外，还有一些礼数需讲究，比如，他人敬酒时要礼貌回应，对酒桌上的长辈或者领导要恭敬，等等。总之，酒桌虽小，却蕴含丰富礼数和社交智慧。唯有我们用心体会并遵守这些礼数，方能让酒局更加和谐愉快，也能更好地展示自己的修养和交际魅力。

第五章

为人有度：有分寸感，保持距离不越界

分寸感，是一种在人际交往和行为处事中非常重要的品质和能力，它如同一把精致的标尺，衡量着我们与他人之间的距离。只有我们懂得并把握好与人交往的分寸，才能在人际关系的海洋中自在航行。

以他人为镜审视自己

老子曾有云:"知人者智,自知者明。"在很多时候,我们能够轻而易举地察觉别人身上的缺点,却常常难以发现自身的不足。真正聪慧之人善于"以人为镜",能凭借身边人对待自己的方式,来反思和理性地认识自我。

位置不同,所见亦有差异。一个人对世界的观察以及对他人的看法,所反映出的乃是自身的认知与心境。在同样的情境下,不同的人由于所处位置角度各异、身份处境不同,看到的是全然不一样的故事。正因如此,他人的评价能够助力我们认清自身的优缺点。以他人的评价、比较、冲突以及帮助为镜来审视自己,实乃做人的顶级智慧。

魏徵原本是太子李建成的谋士,"玄武门之变"后,李世民不计前嫌,对其予以重用。魏徵以直言敢谏而闻名,多次在朝堂之上毫不留情地指出李世民的错误。

李世民一度欲大兴土木,修建宏伟宫殿。魏徵得知后即刻进谏,言明当下国家刚刚安定,百姓尚未完全安稳,此时大兴土木必将劳民伤财,对国家的稳定与发展极为不利。李世民听后虽心中恼怒,但冷静下来后,认识到了自己的错误,打消了修建宫殿的念头。

在与魏徵相处的过程中，李世民通过魏徵的批评与建议，不断反思自己的行为和决策。他将魏徵比作自己的一面镜子。魏徵去世后，李世民对身边的侍臣说道："以铜为镜，可以正衣冠；以史为镜，可以知兴替；以人为镜，可以明得失。"

正是因为李世民能够以魏徵为镜审视自己，虚心纳谏，才开创了"贞观之治"的盛世局面。在现实生活中，我们也可借鉴这种智慧，通过他人来更好地认识自己。

那么，具体该如何做到以他人为镜呢？

1. 保持开放的心态

保持开放的心态能够帮助我们更好地理解他人的立场，增强同理心，进而建立起更为和谐、稳固的人际关系。所以，在与人交流的过程中，要乐于接受来自他人的不同观点和批评。尽管这些意见最初听起来可能不那么顺耳，甚至让人感到不舒服，但是正是这些不同的声音让我们有机会从另一个角度审视问题，从而发现自己未曾留意到的盲点。

2. 分辨和筛选他人的评价

并非所有的意见都是正确的或者适用于自己的。因此，我们需要学会辨别哪些反馈是具有建设性的，哪些可能是基于个人偏见或情绪的。对于那些真诚、客观的评价，我们要虚心接受，并从中吸取教训。而对于那些无端的指责或带有恶意的评价，则不必过分在意，要保持自信。

3. 要勇于面对自己的不足

一旦发现自身的不足之处，就要勇敢地采取行动加以改进。比如，发现自己的沟通技巧有待提高，可以制订一个具体的改进计划；发现自己在公开场合经常说错话，可以在小范围内模拟应酬场景进行锻炼，以便在真实的场合中更加自如。

通过"以人为镜"，我们可以更加清晰地认识自己，发现自己的优点和不足，并据此作出相应的调整。这一过程不仅有助于个人的成长和发展，也能帮助我们在人际交往中建立更加和谐的关系。

朋友的朋友不等于朋友

在日常交往中，常听到这样一句话："你是××的朋友，我也是他的朋友，那咱们也算是朋友喽。"这话听上去没毛病，也很应景应场面，但不必太当真。

为什么？因为经不起基本的逻辑推理。其背后的逻辑是基于"共同的朋友"这一联系，来建立新的社交关系。然而，这种逻辑存在一定的局限性。比如，深度与广度的差异。即使你和另一个人都是某人的朋友，你们与这个人之间的关系深度和广度可能大相径庭。有些关系可能属于泛泛之交，而有些关系则属于深交。再者，成为朋友还需要基于共同的兴趣、价值观等因素。仅仅有一个共同的朋友，并不意味着你们之间就有足够的共同点来建立深厚的友谊。

所以说，朋友的朋友未必是朋友。真正的朋友需要时间的沉淀、共同的经历和心灵的契合，而不是仅仅依靠一层表面的关系来定义。

在社交中,如果看不透这层逻辑,单纯想通过老朋友结交新朋友,不断快速拉长自己的"朋友链",很可能会陷入一种表面热闹、内里寂寥的社交困境,甚至因此带来一些麻烦或风险。

晓琳与小悦是非常要好的朋友,有一次,晓琳邀请小悦参加一场野炊活动。小悦性格热情开朗,在活动中很快便与晓琳的朋友小周熟络起来。她们从当下热门的书籍聊到最近流行的电影,相谈甚欢,十分投缘。小悦对小周的印象很好,并为自己结识这位新朋友而欣喜,两人还相互加了微信。

一段时间后,在一个讲座上,小悦与小周意外碰面。小悦满心欢喜地热情上前打招呼,然而,小周的反应却出乎她的意料。她只是微微点了点头,眼神中流露出一丝陌生与冷淡,接着挥了下手,说道:"我有事要去忙。"那一刻,小悦心里满是失落与困惑。

后来,小悦偶然得知,小周是一个比较功利的人,只会对那些对她有帮助或者她认为有价值的人热情。在那次野炊活动中,小周得知小悦资历平平,只是一名普通文员,没什么人脉与资源,便私下向晓琳抱怨:"你怎么会介绍这样的朋友给我认识?我真心不想和她有什么交集。"而当晓琳提及小周,小悦总是说:"她人很好,非常感谢你让我认识这么一位优秀的朋友。"晓琳只是说:"小悦,你真是太善良了。能有你这样的朋友,我感到很幸运。"

什么是朋友?有人说,朋友是心灵的陪伴者、信任的给予者、成长的见证者,以及困难的援助者。朋友之间的情谊是人与人之间一种日积月累的感情，就像一杯茶，需要慢慢品味。

真正的好朋友如同一对恋人，需要通过相互认识、相互了解、相互沟通，来达到一种相互理解、相互包容、相互谦让的状态，最终实现相互体贴、彼此爱惜、甘苦与共的理想状态。从这个角度来说，一见面就成为好朋友，是不太现实的。

认识不等于朋友，朋友的朋友也不一定等于朋友，进入你朋友圈子的人自然也不等于朋友！很多时候，你认为的朋友，其实并没有把你当朋友，也不会和你成为朋友。一味一厢情愿，最终只能伤害自己。毕竟，狮子和羚羊永远也耍不到一块儿。所以，要擦亮眼睛，理智交友。

不喧不闹，低调做人

古语有云："尺蠖之屈，以求信也；龙蛇之蛰，以存身也。"低调，向来都是保全自身的实用之策。即便你才华横溢，即便自认为能力超于他人，也当保持低调。

做人若居功自傲、盛气凌人，难免遭人忌恨，成为众矢之的。而低调处世，则不喧闹、不矫饰、不故作愁苦、不惺惺作态、不惹人嫌恶、不招人嫉妒。如此，方能在这喧嚣世界安然做人。

有一名工程师，其子聪慧过人。平日里，工程师与妻子并未费心管教，其子凭借自身努力与才华，考入海外名校。儿子如此有出息，做父亲的自然面上有光。于是，他满心欢喜地邀来亲朋好友，大摆宴席，分享喜悦。

席间，众人望着其子，纷纷赞叹不已。然而，就在一片赞誉声中，却突兀地冒出一句极不和谐之音。原来是一位多年老友冷不防说道："什么名校啊，你们就是没见识。告诉你们，如今国外很多学校，只要给钱就能上，根本不看分数。只要肯花钱，就没有上不了的学校。"

此话一出，工程师的心情瞬间跌至谷底。他没好气地回应："你说的那是野鸡大学，我儿子报的可是公办名校，招生标准极为严格。再说了，我儿子还能领取全额奖学金，有钱也上不了。"

对方却不依不饶，紧接着又来一句："都一个样儿，给钱就让上，没什么的。"

工程师顿时怒不可遏，差点破口大骂。他心中愤懑：这人嫉妒心太强，你家孩子有本事也上啊！这场争执过后，工程师发誓与对方永不来往，两人多年的老交情就此终结。

不可否认，生活中确有这样一种人，他们见不得别人升官发财、开心得意、遇好事，尤其见不得别人比自己强、过得比自己好。一旦目睹这些情形，他们便眼红不已，心中满是嫉妒。随之而来的是不开心、不舒服，整个人变得闷闷不乐、焦躁不安、心事重重。在这种负面情绪的影响下，逐渐失去原本的风采与自信。

但细思之下，这又何必呢？保持内心的平静与安宁，秉持质朴，回归本真，方为做人的至高境界。要知道，世上比你强的人不胜枚举。即便你一生无所事事、不思不想，只是紧盯着别人的好事，那也是看不过来的。即便你被气得半死,别人的好事依旧会不断发生,又有谁能阻挡呢?

正所谓"人外有人,天外有天"。我们必须承认,在现实世界中,确实存在比我们更为优秀的人。每个人都有辉煌之时,不必嫉妒他人比自己强,更无须执意与别人一较高下。我们应当为人低调,专注于自己的生活与成长,以平和心态看待他人的成就与幸福,不将宝贵的心理能量无端消耗在毫无意义的人际争斗之中。

保持低调,不妄自尊大,不认为自己高人一等,不盲目追名逐利,不被外在虚荣所束缚,方能在喧嚣尘世中守住内心的宁静,踏踏实实地走好每一步。尤其在为人处世方面,切勿刻意张扬自己的成就与才能,应以谦逊、内敛的态度面对生活中的种种问题。

以和为贵,烦恼无踪

"礼"之核心,重在一个"和"字。孟子尝言:"威天下不以兵革之利。"然则,究竟何以威天下?孟子之答案为"仁"。而何谓仁?答案便是"和"。

"和",自始至终皆为一种独特文化,一种需要人们精心培育、大力建设之文化。在汉语中,"和"字由"龢"简化为"咊",进而演化而来。其蕴含丰富之义:有相安无事、协调一致,具平息事端之效；有和美、和睦，呈和衷共济之态；有祥和、和平，满含和气，令人和悦。它除具对立统一之"阴阳之和"内涵外，也包含"合适""恰当""适中""无过无不及"之"恰到好处"深意。

孟子于《公孙丑下》中言："天时不如地利，地利不如人和。"此三者之中，"人和"无疑最为重要且起决定作用，"地利"次之，"天时"又次之。

三国争霸之际，曹操占天时，傲睨群雄；孙权据地利，雄踞一方；刘备得人和，气势磅礴。最终，刘备与孙权结盟，成功击退兵强马壮之曹操，完美诠释"人和"之巨大力量。

生活中，需和睦的人际关系，需和谐的社会环境。我们也需在和颜悦色中交往，在和蔼可亲中相处。那么，如何于纷杂的人际关系中做到以和为贵呢？

其一，降低期望：接纳"不完美"的真实。

我们所处之世界并非完美，我们每个人也各有瑕疵与不足。故而，与人交往时，与其苛责对方之缺点，不如多关注其优点，激励其向更好的方向发展。当我们能够接纳对方的不完美，并给予支持与理解时，他们方会逐渐趋近"完美"，与他们之间的关系方能更加稳固、持久。

其二，换位思考：多从对方的角度思考。

人际关系中，诸多矛盾皆因缺乏换位思考而生。当我们对他人心存不满时，不妨尝试站在他们的角度思考问题，多思忖他们为何作出那般选择、背后有何缘由。换位思考有助于我们更好地理解对方，减少误会与矛盾。

譬如，当爱人忽略了你，切勿急于指责，而应想想他是否工作压力过大。当朋友对你有所隐瞒,莫要气恼,而是试着理解背后的原因,并考虑是否能够给予帮助。

其三,与人为善:怀有一颗仁和之心。

"和"能嫁接无根树、"和"能点燃无油灯、"和"能使人活得惬意、"和"能让世界更加完美……生活中诸多矛盾,细思之下实无必要。民间一直流传这样一句顺口溜:"人生本是一台戏,因为有缘才相聚。为了小事发脾气,回头想想又何必!"万事以和为贵,做人当有仁和之心、谦和之德、温和之气、慈和之容。人与人之间,彼此少一些盛气凌人,多一些温和态度,凡事多换位思考,便会少许多争吵与不快。以退一步海阔天空之方式,换取一份美好心情,何乐而不为?

诚然,每个人皆有自己的个性、爱好和追求生活的方式,不可能也没必要要求每个人皆处处与自己契合。然而,一个有修养之人能够以自己的情绪、语言、得体的行为和善意的态度去感染、吸引或帮助他人,使周围的关系更和气、更融洽。

远离那些"消耗性关系"

在人生的漫漫旅程中,我们会与形形色色的人产生交集。在诸多关系里,有的恰似春日暖阳,赋予我们温暖与力量;有的却如冬日寒风，持续消耗着我们的能量与热情。正如著名心理学家阿德勒所说："人的一切烦扰皆源自人际关系。"学会甄别并远离那些"消耗性关系"，方可让我们的生活愈显充实与美好。

所谓消耗性关系，即那些令你深感疲惫、焦虑、自我怀疑，不断损耗你能量的关系。其典型特征为，表面看似和谐，实则充斥着负面情绪与压力。例如，你有一位朋友，每次碰面总是向你抱怨生活的不如意，将你当作情绪垃圾桶，却从未顾及你的感受；又如，你的同事在工作中时常排挤你，抢夺你的功劳，让你在工作中压力重重。

很多时候，消耗性关系在拖垮一个人的同时，还会使人误以为一切皆是自己的过错。

小梅结婚已然七年，孩子三岁。在旁人看来，她的生活甜蜜幸福。然而，当揭开那层光鲜亮丽的外表，内里却是一片狼藉，尽是不为人知的疲惫与挣扎。

在这段婚姻中，尽管丈夫承担了家庭的主要经济开支，但几乎不参与家务劳动，也极少照顾孩子。这使得小梅在工作之余，不得不独自扛起繁重的家务与育儿重担，常常感到力不从心。

小梅一直渴望继续深造，提升自身的专业素养与技能，以便日后能够开创自己的事业。然而，丈夫却并不支持她的想法，甚至指责小梅自私自利，只关心自己的发展而忽视了家庭的需求。

这样的争执与冲突在两人之间频繁上演，每一次都如锋利的刀片，割裂了他们原本就脆弱的情感纽带。他们皆不愿为对方作出妥协与让步，致使不满与怨气在彼此心中不断堆积。最终，在无尽的争吵与疲惫中，他们选择了离婚，终结了这段看似美好实则充满消耗的关系。

真正美好的感情必定是相互的，不计较得失的。在这段婚姻中，小梅和她的丈夫都过度计较个人的得失与付出，忘却了感情的本质乃是相互扶持与共同成长。他们赢了道理，却输掉了最为珍贵的感情，实在令人扼腕叹息。

不论何种关系，凡事过于计较，往往只会带来伤害与消耗。真正的幸福源于相互理解、包容与支持。所以，在一段关系中，倘若你开始感到有一种被掏空的疲惫感与无力感，那就说明你的自信心与自我价值感正在流失。这样的关系，极有可能就是消耗性关系。

在现实生活中，若想远离"消耗性关系"，不仅要认识到自身的价值，还要作出一些积极的转变。

1. 觉察现状，正视问题

首先要审视自身与他人的关系是否属于"消耗性关系"。不妨问问自己：这段关系是否让自己感到愉悦？是否能感受到对方的尊重与爱意？自我价值感是否得以彰显？倘若答案是否定的，那就需要审慎思考这段关系是否值得延续。

2. 减少索取，懂得感恩

作家乔斯坦·贾德曾言："没有人天生该对谁好，所以我们要学会感恩。"的确，没有谁对谁的好是理所当然的，帮你是情分，不帮是本分。若一味索取，总想着占他人便宜，再好的关系也会逐渐疏远。在人际交往中，有舍有得是一种智慧，有来有往方显分寸。要学会减少索取，常怀感恩之心，在相互付出中，让一段关系维持得深厚长久。

3.建立清晰的个人边界

清晰的个人界限明确了我们的个人空间与权益，在一定程度上使我们免受伤害。实际上，明确地向对方告知自己的底线，既是对自己的尊重，也是对彼此关系的尊重。因为只有让对方知晓我们的界限，对方才能更好地理解我们的需求与期望，从而避免误解与冲突。

4.懂得及时止损

如果一段关系无法改善，并且对你造成了严重的负面影响，那么勇敢地告别这段关系才是最佳选择。不要因为害怕被孤立而继续忍受消耗，只有离开才能真正获得新生。看清真相，及时止损，不为任何人而迷失自己，是成年人最大的清醒，也是最高级的自律。

古希腊哲学家苏格拉底曾说："不好的朋友就像不好的食物，会损害我们的身体；不好的朋友就像有毒的植物，会损害我们的心灵。"远离消耗性的关系，寻觅那些真正能够滋养我们心灵的人，方能感受到被关注、被理解、被爱的美好。

第六章

处事有余：过满则溢，过刚则折

　　一杯清茶，浅酌三分，余七分之地，方可品其香醇，余韵悠长，令人回味无穷。人生也是这般，无论情感之表达、态度之呈现，还是行为之展现，皆不宜过满。唯有深谙留有余地之道，方能行稳致远。

做一个聪明的"和事佬"

人际交往中,难免会出现磕绊与冲突。面对这些摩擦,人们常常会选取两种大相径庭的应对之策:一是针锋相对,强硬对抗;二是退避三舍,妥协让步。然而,除了这两种方式之外,还存在另一种途径,那便是学会充当和事佬。

"和事佬"一词源自《新唐书·宗楚客传》:"中宗不能穷也,诏琬与楚客、处讷约兄弟两解之,故世谓帝为和事天子。"从这段记载不难看出,"和事佬"最初是用以形容皇帝在处置矛盾纠纷时采取调和、劝解之法,以防止冲突进一步恶化。其后,它逐渐演变为一种特定的角色形象,专指那些擅长调解纠纷、化解矛盾之人。

在现代社会,"和事佬"在不同的领域和场合中均发挥着重要作用。无论是家庭纠纷、邻里矛盾,还是工作中的冲突、人际关系中的争议等,都有"和事佬"式的人物在积极贡献力量。

尤其是在调解家庭纠纷时,"和事佬"的作用往往比法官更为显著。例如,许多家庭都存在婆媳矛盾,男人处于母亲和妻子之间,必须扮演好"和事佬"的角色——立场居于中间,不轻易偏向任何一方。试想,倘若男人过于较真,有一说一,非要把道理讲得透彻,分出个是非对错,不但无法化解矛盾,反而会使矛盾激化。

从家庭生活到人际交往,皆是如此。该"和事"的时候,就不要惹是生非、挑起事端，或是变相地让事情变得复杂。一个人善于"和事""平事"，不仅能够体现其社交智慧与处事能力，还有助于提升个人威望。

早在 2008 年 12 月，杭州市便成立了首个"和事佬协会"组织。百姓在日常生活中遭遇一些小矛盾、小纠纷、小摩擦，只要找到协会里这些热心管"闲事"的大爷大妈，问题基本上都能得到妥善解决。

重庆市曾组建了一家"道歉公司"，一群职业"和事佬"通过代理送鲜花、送明信片、写信、安排度假、打电话等方式，致力于帮助人们缓解压力，化解矛盾与纠纷。

这些新鲜事物的涌现引人注目，发人深省。它们从侧面反映出一个问题：在现实生活中，"和事佬"具有极大的存在价值。

当然，做"和事佬"并非做事毫无是非观念，为了息事宁人而一味地和稀泥，而是需要掌握一定的原则与方法，在解决当前问题的同时，避免埋下隐患。

其一，始终保持中立客观。

在处理矛盾纠纷时，务必做到中立客观、公正公平，不可因与某一方关系亲近就偏袒对方。一旦失去这一处理问题的原则，必然会使问题更加复杂，也容易导致双方矛盾加剧。

其二，避免带入个人情绪。

切勿将自己的情绪或观点带入调解过程中。"和事"之时要保持冷静与理性，以平和的心态面对双方的冲突，只专注于解决问题本身，而不对某一方的行为进行道德评判。

其三，保证留有充分的倾听时间。

在"和事"的过程中，要确保留有充足的时间让矛盾双方充分表达自己的想法、感受和诉求。倾听过程中，不打断他们的发言，用专注的眼神和适当的点头表示自己在认真倾听,让他们感受到被尊重。

其四,引导双方表达真实感受。

通过提问的方式,引导双方深入表达自己内心的真实感受。比如询问:"这件事情最让你生气的是什么?""你希望对方怎么做呢?"帮助双方更好地表达真实感受。

其五,提出多种解决方案。

依据具体问题,提出几种可行的解决方案。让双方共同参与讨论,权衡各种方案的利弊,力求选择一个双方都能接受的最佳方案。在此过程中,要鼓励双方从大局出发,作出一定的妥协和让步。

在现实生活中,和事佬无法解决所有问题,也并非所有问题都适合"大事化小,小事化了"。因此,要根据具体情况,谨慎地扮演"和事佬"的角色。通常,在大是大非,或者涉及法律公正、道德底线、个人尊严等问题上,不能仅仅为了追求表面的和谐而模糊是非。而在小矛盾、小纠纷中,灵活运用上述"和事"的策略,不失为一种利人利己的明智之举。

遇事要能够站稳立场

"汝之蜜糖,吾之砒霜。"于一人而言,是甜蜜美好的存在;然于另一人,却或许是致命之毒药。每个人的想法观念各异,正因如此,人们对问题的看法、立场与评价也各不相同。

一个人说话令人信服，遇事持有自己的立场且不轻易妥协放弃，极为重要。若一人遇事无立场，如墙头草般随风倒，或者脚踏两只船摇摆不定，不仅难堪重用，还易遭人轻视。例如，在会议上，被问及对具体问题的看法意见时，提不出独特见解，总是倾向于赞同领导或附和他人观点，即便这些观点意见相互矛盾，也一味"是是是""对对对"，人云亦云。此乃没有立场之表现。

坚持立场并非固执己见，而是对事物的认知与判断的坚守。这是基于自身价值观、经验及思考的结果，反映出我们对世界、对社会以及对自身的理解与态度。

在古希腊，苏格拉底毕生致力于通过对话与质疑探寻真理。他坚信每个人都应通过不断提问与思考来认识自己和世界。然而，其独特的教学方法以及对权威的挑战，最终导致他被指控犯下腐蚀青年和不信奉国家神祇之罪。

公元前399年，苏格拉底被雅典法庭判处死刑。在审判过程中，他有机会放弃自己的哲学立场，承认错误以换取宽恕，但他却选择了另一条道路。在《申辩篇》中，柏拉图记录了苏格拉底的辩护词，其中苏格拉底坚定地表示："我宁可死，也不会停止哲学的追求，不会停止教导和劝说你们每一个人，不管是在公开场合还是私下里。"

苏格拉底如此坚定，是因为他认为真理和正义高于个人生命。他相信，若为生存而放弃信念与追求，这样的生命毫无价值。故而，他拒绝了朋友提出的越狱计划，选择接受判决，饮鸩而亡。

在职场与生活中，各种竞争与挑战如影随形。你可能会面临上级的不合理要求、同事间的利益冲突或朋友的道德绑架。此时，若没有坚定的立场，则极易被他人意见左右，背负不该承担的责任，承受不应有的负累。因此，遇事务必擦亮眼睛，站稳立场，不做随波逐流的浮萍。

那么，遇事如何坚持自己的立场呢？

其一，冷静、理智地思考问题。

当遭遇事情时，我们的情绪极易被激发，进而可能影响对问题的分析判断。所以，遇事要学会控制情绪，以冷静、理性的态度看待和审视事情，避免让情绪左右思维。比如，与他人发生争执时，不要因愤怒而口不择言，也不要因委屈而轻易妥协。首先深呼吸几次，让自己平静下来，然后从客观角度分析问题的本质、原因及可能的解决方案。可以把自己想象成旁观者，不偏袒任何一方，仅依据事实和逻辑进行思考。如此方能确保我们的立场基于理性而非情绪。

其二，有效沟通，让别人理解你的想法。

坚持自我并不意味着与世界为敌。相反，学会有效沟通，让他人理解你的立场和想法至关重要。马丁·路德·金通过非暴力抗议方式以及富有感染力的演讲，成功地让更多人理解并支持他的立场。可见，当你能够清晰、有逻辑地表达自己的观点时，别人更可能尊重你的选择，而非试图改变你。

其三，树立底线思维，为决策提供锚点。

在人际交往中，我们时常需要在妥协与坚持之间找到微妙的平衡点。底线思维让我们清楚地知道在何种情况下绝不退让。这不仅仅是对外界要求的简单拒绝，更是源自内心深处对自我的坚决维护。特别是当我们面对各种压力、诱惑或冲突时，底线思维为我们提供了决策的锚点，使我们能够在复杂的人际互动中保持清醒，避免被情绪或外界因素牵着走。

其四，保持灵活与开放。

面对新的信息和观点时，保持开放的心态，进行深入思考和分析是十分必要的。若发现自己的立场确实存在不合理之处，及时调整是必要且重要的。达尔文是进化论的奠基人。在提出进化论之前，他广泛收集资料，不断学习和思考，倾听各种不同的声音，最终提出了改变科学史的进化论。

坚持自我的立场，是一项需要勇气、智慧和持续努力的实践。在这个过程中，要学会在保持个人独特性的同时，灵活应对周围环境的变化。这意味着，一方面，要清晰地界定自己的核心价值观和不可动摇的底线，勇敢地表达自我，维护个人的尊严和权利；另一方面，要保持开放的心态，愿意接受新知，反思自我，适时调整立场，以适应不断变化的世界。

尊重他人的游戏规则

当我们涉足不同的社交圈子、工作场景或是参与各类活动之际，便会惊觉每个人、每个群体皆拥有独属于自己的行事模式与规则。这些规则纵然与我们所习以为常的有所差异，却绝非错误之举。恰似不同的国家具有不同的文化风俗，不同的家庭有着各异的生活习性，我们断不可依据自身的标准去评判乃至否定他人的规则。

早年间,李鸿章曾对英国、美国、荷兰等国展开访问。初至美国之时,他便向接待他的一位美国人接连发问:"你能否听懂中国话?你是何方人士?你每月收入几何?你的妻子也是美国人吗?她为何没有陪同你来呢?……"问题滔滔不绝,且全是个人私事。结果引得对方心生不悦:"你能否尊重我一下?"

李鸿章一听,顿时怒起:"哎呀,未曾料到,脾气竟如此之大。既然你这般不懂事,那我此刻便告知于你,依照天朝之规矩,我既是你的长辈,又比你的官职高,问你何事,你只需老老实实地回答即可,哪来如此多的废话?"

李鸿章向美方投诉了接待官员的无礼之举。美方给出的答复是:"中堂大人,你所言乃是天朝的规矩,那些规矩在此地并不适用。"不适用?李鸿章心中不快:为何不适用?对方回应道:那些规矩实在是太不尊重人了。

当你踏入别人的"地盘",就应当入乡随俗,知晓何事可为、何事不可为,明白应当尊重什么、避讳什么……尊重他人、他地的规矩,实则是在表达对他人的理解,认可他们的独特性与价值所在。这种理解与包容能够破除隔阂,推动人与人之间和谐共处。

此处所谓的"游戏规则",并非指那些一成不变的条条框框,而是指在特定的人际关系中,双方或者多方共同认可的行为规范以及价值取舍。这些规则或许是明确公示的,例如法律法规、社会公德;或许是隐性存在的,例如彼此之间的默契、共同的价值观。

尊重他人游戏规则的意义在于,为双方提供一个稳定的交往、交流、相处的框架结构,减少误解,促进沟通,构建信任。恰似一场足球比赛,唯有双方遵守规则,方能确保比赛顺利进行,进而展现出竞技的魅力。

同理，在人际交往中，尊重规则方可避免矛盾冲突，促使彼此之间的相处更为和谐。可以说，在人际交往中，尊重游戏规则乃是实现良好沟通、建立健康关系的关键要素。

1. 了解对方的"规则"

不可期望每个人都与自己如出一辙，以相同的方式思考和行动。当遭遇不同的规则时，切勿急于评判或者指责，而应摒弃成见，用心去观察、聆听、感受，尝试从对方的视角出发，理解其规则行为背后的逻辑与动机。多问问自己，为何他们会有这样的规则，这些规则对他们而言意味着什么，遵守这样的规则又会带来何种后果。通过理解差异，能够减少误解与冲突，为良好的交往奠定坚实基础。

2. 维护彼此的边界

每个人都有属于自己的边界，尊重他人的游戏规则意味着尊重他们的边界，不可随意逾越。这不仅体现在日常交往之中，更彰显在对个人隐私和观点的尊重上。例如在与人交流时，应避免过度探究他人的私生活，或者是对他人的言行进行过度评判。即便我们对他人的选择或观点存在异议，也应当保持尊重。在与他人进行争论时，应保持冷静，以理服人，避免情绪化表达，以维护彼此的尊严与友谊。

3. 尊重中寻求平衡

在现实生活中，当我们遭遇与他人观念、思想相互冲突之时，要秉持灵活的态度，在尊重的基础上，探寻各方均能认可的解决方案。例如，当与追求完美的人合作时，我们可能会因他们的高标准而倍感压力。

此时，我们可以尝试理解他们追求完美背后的缘由，并以更为灵活的方式展开合作，在保证质量的前提下，适度调整标准，以达成双方都能接受的结果。

4. 不要强行干涉

一方面要尊重他人的游戏规则，另一方面也不可强求他人尊重我们的游戏规则，即便我们认为自己的规则更为优越。每个人都有权利选择自己的游戏方式，我们理应尊重他人的选择。倘若我们觉得他人的规则存在问题，可以以友好的方式提出建议。强行干涉只会引发他人的反感与抵触，破坏良好的关系。

尊重他人的游戏规则在人际交往中至关重要，它不仅是一种礼貌，更是一种智慧的体现，彰显了个人的修养与成熟度。

摆正位置，做事不逾界

很多时候，人生的诸多烦扰常常源自未能准确摆正自身位置。唯有摆正位置、明确定位，方可避免得意忘形、迷失前行方向，进而明晰何事可为、何事不可为。诚如《道德经》所云："知人者智，自知者明。"真正富有智慧之人，能够深刻认识自我，洞悉自己的身份及所处之位置，绝不作出与自身身份不符或过于出格之事。

现实生活里，有许多人要么迷失于角色的迷阵之中，要么沉醉于越位带来的短暂愉悦，要么深陷逾矩引发的无尽苦恼，最终难以收获真正的快乐与成就。实际上，这些状况原本可以避免，方法极为简单，做到以下三点即可。

1. 摆正姿态，在上不倨傲

一个人越是有本事，往往越是谦逊，只因他领略过更为广袤的天地，深切体悟到自身的渺小与世界的浩瀚无垠。

在《吕氏春秋·下贤》中，记载着一则"齐桓公见小臣稷"的故事。

一次，齐桓公听闻有个名叫稷的小臣极具才华，却不愿入朝为官。为求贤才，齐桓公决定亲自登门拜访稷。然而，一日之内前往三次皆未能见到稷。随从劝谏齐桓公："您贵为万乘之主，去见一介布衣之士，一日三次都未能见到，应当停止了吧。"

可齐桓公却说："并非如此。有才能之人傲视爵位、俸禄，自然也会轻视他们的君王；君王若轻视有才能之人，便会失去贤才。即便稷看不上爵位、俸禄，我又怎敢轻视中原霸主之大业呢？"于是，齐桓公坚持不懈地拜访，直至第五次才见到了稷。

齐桓公求贤若渴、礼贤下士。他对待有才能之人，不以君王之尊自居，而是放下身段，真诚相待。此种态度不仅打动了稷，更赢得了天下人的敬重与归附之心。天下诸侯闻知此事后，纷纷感慨："齐桓公对待平民百姓尚且能够谦逊退让，何况我们呢？"于是纷纷前来朝觐齐桓公，齐国也因此越发强大。

一个人不论身处何种地位，都应保持谦逊之态，以开放的胸怀接纳不同事物。唯有如此，才能不断进步，持续拓宽自己的视野与能力边界。有道是"德不配位，必有灾殃"，若无深厚德行却居于高位,最终只会害人害己。故而,地位越高之人,越应谦恭待人、严于律己,不断修养德行,方能日益精进,稳步前行。

2. 常思己过,言谈不随意

《格言联璧》中有言:"静坐常思己过,闲谈莫论人非。"即于沉静之中反思自身之不足,在言谈之间避免评议他人之是非。

现实中,常常可见这样一种现象:有些人自身之事尚未处理妥当,却热衷于窥探他人私事。须知,言语虽无形,但其杀伤力有时甚于锋利之刀剑。一句不经意的评论,一个无心的玩笑,皆可能在他人心中留下难以愈合之伤痕。因此,我们在与他人交往时,应时刻提醒自己谨言慎行,留有口德。真正有修养的人,懂得适时自我反省。在说出每一句话、作出每一个举动时,都会考虑其可能产生的影响。故而,在言语上会保持谦逊与克制,不会随意发表意见,更不会恶意传播他人私事。

3. 遵守规则,做事不逾矩

与人相处之际,要懂得尊重他人的空间与隐私,切勿随意侵入别人的生活领域。对于他人之事,可以给予关心与建议,但需点到为止,不可过度干涉。毕竟,每个人都有自己的生活方式与处理问题之法,不应将自己的想法强加于人。

总之,无论在工作还是生活中,都要努力摆正自己的位置,做事要有边界感,行事有度、不逾矩,避免因越位行事带来的混乱与冲突。

能屈能伸，遇事不"一根筋"

在现实生活中，我们常常会遭遇形形色色的问题。面对这些问题，倘若一味地刚愎自用，紧紧守着自己的一套理论而不知变通，便极易陷入单一的思维模式，在钻牛角尖的困境中难以自拔。而那些深谙"能屈能伸"之道的人，却会依据实际情况，及时调整策略，努力探寻新的突破点。

无论是言语交流，还是做事行动，都应当学会灵活应变，该伸展时就伸展，该屈就时则屈就，恰似一棵藤蔓，能够随着环境的变化不断调整自己的形态。

战国时期，秦国名将白起战功卓著，却因功高震主而遭到秦昭王的猜忌，最终被赐死。白起一生立下赫赫战功，然而因其性格刚强，不善于与人沟通交流，最终落得个悲惨结局。他那固执己见的性格，无疑成了他迈向成功之路的绊脚石。

三国时期，刘备在与曹操的争霸过程中屡屡遭受失败，可他懂得隐忍蛰伏，最终成就了三分天下的宏图霸业。

从这个层面来看，"能屈"乃是一种处世的大智慧。它超越了单纯的表面强硬和固执己见，展现出一种既能够审时度势，又能够自我调整的成熟风范。在顺境之时，它表现为谦逊与低调；而在逆境当中，则转化为一股坚韧不拔的强大力量。

有一次，京剧大师梅兰芳在演出京剧《杀惜》之后，听到一位老者给出"差评"。他顾不上卸去妆容,亲自将那位老者迎接到家中,极为诚恳地请求对方给予指点。

老者说道:"阎惜姣上楼和下楼的台步,按照梨园的规定,应当是上七下八,先生为何是八上八下呢?"梅兰芳顿时恍然大悟,连连道谢。

自此以后,梅兰芳时常邀请这位老先生观看他的演出,并且虚心向其求教。

梅兰芳的这一"屈",绝非软弱无能或是自我贬低,而是一种超越常人的宽广胸怀与非凡智慧的生动体现。梅兰芳的这种态度,不但使他在艺术的道路上越走越远,而且赢得了同行及观众的广泛敬重与赞誉。

相较于"能屈","能伸"则更多地展现为在恰当的时机彰显自身能力、把握机遇以及积极进取的精神风貌。当一个人始终保持挺直脊梁、身正无畏的姿态时,并非趾高气扬、目中无人,而更多的是在困境中坚守自我。这样的人能够以从容不迫、淡定自若的姿态,应对生活中的每一次起伏波动。

"能屈能伸"是两种看似相互对立,实则相辅相成的智慧。在人生的漫长征程中,我们既要学会在逆境中隐忍,保存实力,又要懂得在机遇降临之时果断出手,紧紧抓住时机。这种智慧的融合要求我们具备高度的自我认知能力,能够清晰地洞察自己的优势与劣势,同时还要拥有审时度势的本领,能够在复杂多变的环境中作出最有益于自身发展的抉择。

无论是面对职场的激烈竞争、人际关系的妥善处理,还是个人目标的奋力追求,我们都可以灵活运用"能屈能伸"的智慧——在必要的时候,学会适时地退让一步,以和为贵,避免冲突发生;在面对困难与挑战之际，保持坚韧不拔的品质，努力寻找解决问题的最佳途径；在机遇面前，勇于担当，果敢地抓住机会，全力以赴地去拼搏。

懂得妥协，遇事不必硬碰硬

提及"妥协"，许多人内心便会涌起抵触之情。他们秉持着宁死不屈、宁折不弯的态度。然而，妥协并不意味着放弃，实则是以更宏大的格局去探寻更优的解决方案。

在生活中，我们常常会遇到这样的情景：两个人共同做事，既然做事，双方必然有各自的立场、观点和意愿。那么，当矛盾与冲突出现时，该听谁的呢？最理想的状态自然是愉快地协商，争取达成一致意见。但这仅仅是理想状态，并非在每件事情上大家都能看法一致。这便给双方提出了一个现实问题：需要一方妥协，事情方能继续推进，那该谁妥协呢？

倘若你言辞犀利、为人强势，又或者不撞南墙不回头，让对方无力抗衡，那么他或许不得不妥协，而你看似"取得了胜利"。也就是说，你会迫使对方不断作出妥协。一次妥协，他可能忍了；两次妥协，他尚能接受。但若一直让他妥协下去，分歧与冲突势必难以避免。许多人夫妻关系不和、事业不顺、人际关系不畅，很大一个原因就是自身过于强势，不懂得妥协，从而将一段关系带入了死胡同。一个人若不能在一段关系中学会妥协，迟早会遭受挫折。

生活中的琐事犹如细沙，看似微不足道，却能在不经意间堆积成山。面对这些琐事，切不可斤斤计较，更不必争个高低长短。学会适时妥协，方能在琐碎的生活中觅得一份宁静与安然。当然，不要将妥协简单地视为退让，而应把它当作一种高明的处理分歧的艺术。

1. 学会舍得

老子在《道德经》中言："有无相生，难易相成，长短相形，高下相倾，音声相和，前后相随。"我们不可能拥有所有渴望之物，学会舍弃一些眼前的利益，方能成就更为宏大的事业。舍，在一定程度上便是得。例如，为了追逐事业的成功，需要割舍一些个人爱好。但这绝非毫无意义的放弃，而是为了更为长远的目标所作出的明智取舍。当我们懂得放下那些并非至关重要的东西时，才能为追求更有价值的事物腾出空间。

2. 灵活变通

生活中，矛盾与冲突在所难免。一味地强硬对抗，只会使矛盾加剧。而懂得适时妥协之人，能够以灵活变通的态度，巧妙化解矛盾，寻求共识。比如在团队合作中，每个人都可能有自己独特的想法和意见，分歧自然难以避免。此时，若一味坚持己见，必将影响团队的效率与凝聚力。而懂得妥协之人，会尊重他人的意见，积极寻求折中方案，齐心协力，共同圆满完成任务。

3. 以柔克刚

以柔克刚乃是妥协的最高境界。在面对强势对手时，一味地强硬碰撞，往往只会让自己陷入被动之境。此时，切不可依靠蛮力，而要凭借智慧和耐心，在看似弱势的局面中找到突破的机会，展现出真正的强者风范。例如，在激烈的竞争中，对手气势汹汹，我们不必急于正面迎战，可以采取迂回战术，先退一步，让对方放松警惕。在这个过程中，我们可以细心观察对方的弱点，等待时机成熟再巧妙反击，最终实现逆袭。

4. 以退为进

有时候，暂时退让是为了更好地前进。当我们遇到困难或阻碍时，不要盲目地强行突破，可以选择先退一步，重新审视局势，积蓄力量。就如同跳远运动员在起跳前的后退，是为了获得更大的冲力，跳出更远的距离。在处理一些棘手的问题时，我们也需要有这样的智慧——遇到难以跨越的障碍时，不妨先退下来，调整自己的心态和策略，等待时机成熟再奋勇向前。比如在谈判中，对方咄咄逼人，我们不必一味地正面迎战，而是可以采取迂回战术，先退一步，再伺机反击，最终取得谈判的胜利。

适时妥协是一种高明的处世智慧。所以，当我们遇到难以解决的难题时，不妨暂时妥协，放下固执己见的执念，以更开放的姿态去观察问题，待寻得有效的方法后，再采取行动。

第七章

职场有道：工作既要看态度，更要看关系

在职场中，不仅要妥善解决工作范畴内的事宜，还应学会与同事及客户进行良好的沟通与交往，以高情商的方式处理各种意见和分歧，在复杂的人际关系中寻得平衡……唯有如此，方能使自己的职业发展之路顺遂如意。

与其羡慕，不如自强

在职场中，人与人之间常常存有这样一种心理状态：见不得他人志得意满，见不得他人好事连连，见不得他人强过自己……一旦目睹，便心生眼红，涌起嫉妒，陷入不开心、不舒服的情绪之中，进而闷闷不乐，变得焦躁不安、心事重重，最终失去自身的风采与自信。很显然，此种心理断不可取。

真正的强者绝不会一味地嫉妒他人，而是会以他人的强大为镜，反思自身的不足之处。他们深知欣赏并借鉴他人成就的重要性，从中汲取经验与智慧，持续提升自我。他们明白，每个人都有独特的闪光点，通过学习他人之长，能够弥补自身短板，让自己越发优秀。

实际上，你周围的人，他们的思想、资源以及人脉在一定程度上会影响你的生活与工作。作家吉姆·罗恩曾言："你最常往来的五个人，其平均值就是你。"仔细想想，若你是一名普通职员，常往来的多是同级同事；倘若你是一位领导，往往与管理层接触更为紧密；若你是优秀的老板或创业者，则会更多地与同行老板和创业者交流互动。

倘若你比周围绝大多数人都更为厉害，那你就应警醒：是时候去结识更优秀的人了。与强者为伍，你会不断挑战自我，突破舒适区，朝着更高的目标奋勇迈进。所以，真正聪慧之人从不惧怕别人强大，恰恰相反，他们会以强者为标杆，有针对性地弥补自身短板。

1. 正视存在的现实差距

人与人之间的思维差异极为巨大。这恰似一个立于谷底之人与一个站在山巅之人，他们所望见的风景全然不同，认知也会有着天壤之别。我们要学会正视这种差异，并努力向强者靠近，诚如那句箴言："宁与同好争高下，不与傻瓜论长短。"

福楼拜的《包法利夫人》在刚出版之际，一度引发极大争议。有一次，福楼拜与朋友一同出行，被一个人拦住，那人毫不客气地对福楼拜说道："你写的是什么呀，不是荒诞，而是荒谬至极。"福楼拜却只是微微一笑，回应道："你说得很对，我回去定会好好研读一番，看看究竟哪里荒谬了。"言罢，淡然离去。

一个人倘若看不到自己与优秀者之间的差距，却要对比自己优秀的人品头论足，或与其一争高低，非但不会改变任何现状，反而会让自己沦为笑柄。

2. 发自内心地尊重对方

在生活与工作中，我们理应尊重别人的立场、观点以及选择，即便我们并不认同他们的看法。

老舍与赵树理皆是文坛上的大师级人物。尽管两人在文学创作的观念和作品文风上大相径庭，但他们对彼此的作品却始终不吝赞美之词。他们相互尊重、相互理解。没有激烈的争吵，也没有唇枪舌剑的辩论，有的只是彼此之间的敬重之情。

3. 学习他人的成功方法

年轻时,学习就如同照镜子,而当你强大之时,你便是别人的镜子。倘若现在的你还不够强大,那就把身边优秀的人当作镜子,学习他们的优点,学习他们的思维方式。不要觉得"我学习别人,就是我不如人",要知晓,学习的最终目的是解决问题并提高自身能力。在职场中,若发现自己在解决某一问题上的方法行不通,就不要反复尝试了,可借鉴他人成功的做法或经验。

职场里,比我们优秀的人随处可见。与其心生羡慕,不如专注于自我成长——不畏惧、不攀比、不气馁、不放弃,不断向强者学习,并在与强者的竞争与合作中不断蜕变,成就更好的自己。

别怕被"利用",就怕没人用

许多人一听到"利用"这个词,脑海中便会即刻浮现出阴谋论、被欺骗、被伤害的场景。他们往往担忧自己的付出会被他人轻易地加以利用,害怕自己的善良沦为被欺骗的缘由。然而,他们可曾想过,被人利用,至少意味着自身具备利用价值!一旦失去了这种价值,即便渴望被利用,也未必会有人来用。

换言之,被人利用,说明自身拥有被人认可的优点,让人看到了价值所在。这价值或许是你的善良,或许是你的勤快,又或许是你所掌握的某种技艺。在职场中,若你的利用价值高,便会受到他人的重视，被委以重任；若你的利用价值低，就会遭到忽视，被边缘化；倘若毫无利用价值，那便变得可有可无，随时都可能被替代。从古至今，唯有那些具有利用价值的人，方能在风云变幻的职场中站稳脚跟，持续前行。

陈平，中国历史上著名的政治家、军事家，以足智多谋而著称。初入仕途时，他为魏王咎麾下，却未能得到重用。后转投项羽，在项羽那里同样未能充分施展自身才华。当刘邦崛起后，陈平看到了新的机遇，毅然决然地投奔了刘邦。彼时，有人向刘邦进言，称陈平频繁跳槽，品行存在问题。然而，刘邦极为欣赏他的才能，因而对他委以重任。

在刘邦帐下，陈平充分发挥自己的智谋，为刘邦出谋划策。在楚汉相争的关键时刻，陈平施展离间计，成功地离间了项羽和范增，为刘邦最终战胜项羽立下大功。汉朝建立后，陈平被任命为丞相，负责国家的管理。

陈平被刘邦"利用"，从而获得了施展谋略才能的机会，而刘邦也因为有了陈平这样的人才而成就了霸业。倘若陈平没有真才实学，恐怕刘邦都不会正眼瞧他一下。

古往今来，许多人都是在被"利用"的过程中成就了非凡的事业。比如，苏秦凭借自己的口才和谋略，被各国君主"利用"，得以施展自己的政治抱负。再看现代社会，那些在商业领域取得成功的职业经理人、企业家，哪一个不是在不断地被市场和客户"利用"？正是在被"利用"的过程中，他们创造出巨大的物质财富和精神财富，同时实现了自身的价值。因此，我们要转变思维，理性地看待被"利用"。

1. 工作的本质：价值交换

工作的本质乃是价值交换。你将自己的时间、精力以及专业技能投入工作之中。作为回报，你获得了相应的物质报酬，如工资、奖金以及其他福利。在这一过程中，你与企业之间是相互"利用"，或者说是"合作"的关系。企业为你提供了施展才华的平台，让你的专业技能有了用武之地，同时也给予你成长和发展的机会。而你则通过自己的努力，为企业创造价值。

当然，有人会在潜意识里认为，给老板打工，就是老板的赚钱"机器"，就是被老板利用的工具。其实，换个角度来看，不论被当作"工具"还是"机器"，至少说明你具有一定的能力、价值。这就如同各种工具都有其特定的用途，当你被赋予"工具"的角色时，意味着在某个领域或任务中，你的技能、知识或经验被认可和需要。如果你对他人、团队等没有任何价值，那岂不是废材一个？谁又会愿意在你身上花费时间和金钱呢？

2. 被"利用"让个人价值得以体现

绿虾一生都栖息于鳊鱼的口中。令人称奇的是，鳊鱼从不会吞食绿虾，只因绿虾能以身体的晃动帮助鳊鱼吸引来食物。因此，鳊鱼会一直悉心保护绿虾，甚至夜里还将其含在嘴里。然而，一旦绿虾年老体衰，无法再做食物的诱饵时，鳊鱼便会毫不留情地将其赶走，再找一只年轻的绿虾来。可见，这是赤裸裸的相互利用——一旦其中一方失去利用价值，便会被另一方抛弃。

职场又何尝不是如此呢？一个人的价值往往只有通过被"利用"才能得以体现。当失去"利用"价值时，就会被无情地淘汰。所以，在职场中必须适时展现自身的价值，以获得被"利用"的机会。

3. 被"利用"才有向上的空间

从个人角度来看，在合理范围内承担额外职责或接受挑战性任务，是一种难得的机遇。因为这种"被利用"有助于自己突破局限，快速积累知识与经验。例如，一位刚入职的助理，可能一开始只是负责一些简单的文案工作，但如果主动承担起策划项目的责任，并出色地完成了任务，那么便有可能被上司"利用"，去负责更重要的项目，从而获得更多的锻炼和成长机会。

所以，在职场中，不仅不要害怕被"利用"，还要创造更多被"利用"的机会，借此机会磨炼自己，提高解决问题的能力，让自己的价值不断提升，最终成就更好、更强大的自己。

莫做办公室里的"闲聊高手"

在职场中，总有这样一类人，他们性格开朗且活泼，为人热情洋溢，妙语连珠，无论走到何处都能迅速与人熟络起来，然而，他们却在任何地方都难以受到欢迎。了解他们的人往往对其唯恐避之不及，生怕与他们建立某种关联而被其不当言论所牵连，这类人便是人见人躲的"碎嘴子"。

"碎嘴子"，从字面看，即热衷于议论他人、搬弄是非或是传播小道消息之人。他们于职场中"纵横驰骋"，自认为无所不能、无所不知、无人不识，殊不知，他们其实是不受待见的。

曾有一位喜欢搬弄是非的老妇人询问牧师，自己曾说了许多人的闲话，如今可有弥补之法。牧师并未直接作答，而是递给她一个枕头，并让她前往教堂的钟楼，将枕头中的羽毛全部撒向天空。老妇人依言而行。而后，牧师对她说："现在，请你将所有的羽毛再度收集回来，放回枕头之中。"

老妇人听闻此言，即刻意识到这是一项无法完成的任务，回应道："牧师，这根本不可能做到！"牧师神色严肃地说道："的确如此。同理，你说出的话语就如同这些羽毛一般飘散出去，便很难再收回了。"

一旦我们说出伤人之语或是传播流言蜚语，就恰似撒出去的羽毛，难以再度收回。故而，我们必须时刻管好自己的嘴巴，切不可让自己成为职场上令人厌恶的"话痨"。具体而言，需在以下四个方面掌控好自己的言行。

1. 减少无意义的闲聊

在工作之际，应尽量避免东拉西扯地谈论一些毫无意义的话题，诸如明星的最新动态、热门电视剧的剧情走向，或是开一些低级趣味的玩笑。闲话一旦说多了，是非也就随之增多。再经一些人的无端猜测、过度解读，或是有意地添油加醋，原本简单的事情也会变得复杂起来。于是，麻烦便接踵而来——有人因闲聊引出了情感风波；有人因闲聊导致了人情"事故"；有人因闲聊引发了职场纷争……

2. 避免谈及他人隐私

每个人都拥有自己的小秘密以及不愿被他人知晓的事情。对此，我们应当予以充分尊重。尊重他人隐私乃是做人的基本素养，也是职场中需遵循的重要原则。事实证明，公开谈论他人隐私，不仅会令人反感，还极有可能给自己招来麻烦。

在某办公室中，有三位员工，公司准备从他们之中提拔一位担任办公室主任，接替即将退休的老主任。三人之中，周丹与领导关系良好，王强是老主任最为信任之人，而刘芳的业务能力则最为出众。大家都对刘芳寄予厚望，领导也曾透露口风，计划提拔刘芳。

然而，就在此时，一件意想不到的事情发生了，内部传言周丹存在个人作风问题。经调查发现，这个传言最早竟是从刘芳那里传出。最终，刘芳被调到了其他部门，而王强接替老主任，成了办公室主任。

除了要严格保守他人隐私之外，还应避免去触及或是获取他人隐私，否则，无形之中会给自己增添一份负担、一份责任，甚至是一丝祸端。

3. 不八卦身边同事

八卦犹如一把双刃剑，在伤害他人的同时，也可能会伤到自己。当你在八卦同事之时，或许会觉得十分过瘾，充满满足感，但你却未曾想到，这种行为会给同事带来多么巨大的伤害。你的一句话，可能会让同事陷入尴尬之境，甚至影响到他们的工作与生活。同时，八卦也会破坏同事之间的关系，让原本和谐的工作氛围变得紧张压抑。同事之间理应相互尊重、相互支持，而不应相互伤害。

4. 谨慎发表负面评论

职场并非发泄情绪之地，一句负面评论或许会引发一系列连锁反应。因此，在发表评论之前，应先思量说出的话会带来何种后果。或许你的一句抱怨，会让整个团队的士气低落；或许你的一句批评，会让同事之间产生无端猜忌。所以，要尽可能多说一些积极向上的话语，以乐观的态度去面对工作中的人与事。即便遇到问题，也要提出建设性的意见和解决方案，而非一味地抱怨和指责。如果有些批评性的话不得不说，最好点到为止，谨慎作出负面评论。

职场之中，人际关系微妙而复杂。一个谨言慎行之人，往往更能赢得同事的尊重与信任。反之，那些热衷于搬弄是非、传播小道消息的"闲聊高手"，不仅有损自身形象，还常常会给自己带来麻烦。所以，在职场中，要管好自己的嘴巴，切勿议论他人是非。

拒绝"盲从"，坚守独立

盲从乃是一种极为常见的社会现象。那些盲从至愚顽程度之人，往往秉持这样一种思维模式："瞧，我多聪慧，第一时间便跟上了大流。"

然而，事实上，盲从仅仅是一种被动地寻觅平衡的适应手段，它是在恐惧与虚荣之风的裹挟之下所催生的随波逐流之举。其根源在于从众心理，常常是出于无奈，且带有一种迫不得已而为之的意味。

在职场中，一个坚守自我之人，决然不会别人说什么便跟着说什么，他们甚至会将那种随大溜的行为视作一种无能的表现。在当今社会，独立思考越发成为一种稀缺且珍贵的品质。只因无处不在的信息"投喂"，使得我们的大脑变得日益慵懒。从晨曦微露至夜幕笼罩，我们的头脑几乎被各类信息所填满。这些信息通常带有强烈的导向性，试图牵引我们的注意力与情感反应，促使我们产生即时的情绪回应，远离深入的思考。

"思想即灵魂"，当一个人的思想不属于自己时，他的灵魂也就归属于他人了。这样的人，要么只能稀里糊涂地过日子，要么就等着被人"收割"。

法国心理学家让·亨利·法布尔曾进行过一个闻名遐迩的实验，生动地展现了盲目跟从的后果。在该实验中，法布尔将一群毛毛虫首尾相接，排成一个圆圈，放置于一个花盆的边缘处，而在不远处则摆放着它们最为喜爱的食物——松叶。起初，毛毛虫们似乎察觉到了食物的存在，然而它们并未直接朝着食物前行，而是盲目地跟随着前一只毛毛虫的踪迹，一圈又一圈地绕着花盆爬行，直至精疲力竭，最终饿死在途中。

这个实验深刻地阐明了一个道理：当个体丧失了独立思考与判断的能力，盲目地追随他人之时，即使前方有着明显的出路与生存的机遇，也会由于缺乏自我主导而失之交臂。这一规律不仅适用于自然界中的生物，同样也适用于人类社会。在复杂多变的社会环境中，如果一个人不能独立思考，不具备批判性思维，那么他便很容易陷入盲目跟从的陷阱之中。

那么，在日常生活中，我们该如何避免陷入盲从的陷阱呢？关键在于以下三点：

其一，摆脱思维的惰性。

思维的惰性表现形式纷繁多样，可能体现为对新事物的抵触情绪、对传统方式的盲目坚守或者对改变的畏惧心理。例如，一位经验丰富的职场人士或许因为过度依赖以往的成功模式，从而忽视了市场趋势的变化，最终错失转型的绝佳时机。

其二，站在更高的视角看待问题。

从高处俯瞰，能够一览全局，突破眼前的障碍与迷雾，洞察那些在较低视角下容易被忽略的可能性与隐患，并且能够预测问题的走向与演变。当然，要想站在更高的视角看待问题，需要不断地学习与观察，持续扩充自己的知识面，减少知识盲区，同时多汲取各种成功与失败的经验。

其三，掌握基本的逻辑推理技能。

若要进行独立思考，就必须掌握基本的逻辑推理技能。逻辑推理涉及运用不同的逻辑原则来分析与评估信息，进而得出合理且有效的结论。

逻辑推理主要分为两大类：归纳推理和演绎推理。

归纳推理是从具体的事例当中寻找模式与规律，并据此提出一般性结论的过程。比如，观察到多只天鹅皆是白色的，就有可能归纳出"所有天鹅都是白色的"这一结论。然而，归纳推理的结论并非绝对正确，存在例外的可能性（比如后来发现了黑天鹅）。

演绎推理是从已知的一般性原理出发，通过逻辑规则推导出特定结论的过程。例如，如果知道"所有人终有一死"，并且"苏格拉底是人"，那么就可以推理出"苏格拉底终有一死"。演绎推理若前提正确，逻辑过程无误，则结论必然正确。

在进行逻辑推理之时，应当警惕并避免各种常见的逻辑谬误，比如"非黑即白谬误""因果倒置谬误""偷换概念谬误""滑坡谬误"等，以确保推理过程的严谨性。

真正独立思考的人，不会盲目地接受所谓的"常识""共识"以及表面的答案，而是主动地去验证信息的真实性，分析其背后的逻辑，深入挖掘问题的本质，判断其适用的场景，进而形成自己独特的观点。这不仅是一种能力，更是一种生活态度。

完成在先，"完美"在后

在工作中，我们时常陷入对完美的执着追逐，总期望将事情做到极致。然而，这般追求容易使我们陷入一种怪圈：过度关注细节以及怀有害怕失败的心理，从而致使我们在起点处踟蹰不前。

完美，意味着毫无破绽、毫无瑕疵，的确令人心驰神往。但始终追求完美，会让我们变得患得患失，畏惧犯错，进而变得畏首畏尾、停滞不前。相比之下，"完成"方能带来切实的进步与真正的成长。原因很简单：当我们不再执着于每一步达到完美，而是致力于先把事情完成，我们便能在行动中积累经验，在实践中发现并解决问题。每一次的完成都是一次宝贵的历练，促使我们不断调整、持续改进。

心理学研究显示，过度追求完美实则是一种拖延的表现。完美主义者往往因害怕无法达到心中的高标准而选择不开始，或者让自己陷入一种"无限循环"的困境：不断地修改、调整，始终在寻觅"完美"且安全的方案。这种行为模式不仅浪费了宝贵的时间和资源，还会增加压力，却始终原地踏步。

有一位健身爱好者，为了迅速减重并塑造完美体形，给自己制订了一套极为苛刻的训练和饮食计划。起初，他会对每一顿饭的热量和营养成分进行精准计算，确保摄入的每一丝卡路里都服务于他的目标。在健身房中，每一次锻炼他都试图让身体达到所能承受的极限状态，力求每一块肌肉的收缩都达到最佳成效。

但是，很快他便发现，这种对"完美"的追求给他带来了前所未有的不适。一次，他偶遇一位资深教练，对方告诉他："追求极致不可取，完成比完美更重要。"

于是，他开始调整自己的策略，不再苛求每一顿饭都达到完美的营养配比，而是确保每天的饮食均衡，避免极端节食。在锻炼方面，他摒弃了追求每次训练都要达到极限的想法，转而关注持续性和一致性，确保每周都能完成基本的锻炼量。这样的转变，让他在减轻压力的同时，也逐渐养成了健康、均衡的生活习惯。

过了一段时间，他惊喜地发现，不仅自己的体重下降了，身体状态也明显好转，而且他还找回了健身的乐趣，不再将其视为一种负担。

无论做何事，保持持续性和一致性远比短暂地追求完美更重要。特别是在工作中，设定可实现的目标并培养良好的作息习惯，不仅有助于提高工作效率，还能让自己保持积极的工作状态和良好的身心健康。

从这个层面来讲，完成比"完美"更重要。完成意味着行动，意味着突破，意味着质的改变。那么在职场中，如何合理运用这一做事理念呢？需要把握好以下几个原则：

1. 设定可实现的短期目标

将宏大目标拆解为一系列小步骤，设定可实现的短期目标。如此一来，可以在完成每一个小目标的过程中积累成就感，逐步靠近最终目标，而不会被遥不可及的理想所束缚。

例如，你是一名马拉松爱好者，现在跑3公里都觉得吃力。面对这种情况，直接把目标定为"跑10公里"或"跑20公里"显然不切实际。因此，可以先设定短期目标，如"这一周的目标是每天跑3公里"，然后逐周或逐月增加。通过这种方式，不仅能够逐步提升体能，而且每一次的小胜利都会为你注入继续前行的信心和动力。

2. 先完成，再完善

面对一项任务时，先专注于完成最基本的要求，避免一开始就追求完美，陷入无休止的修改与拖延。即使事情难度很大，也要先尝试行动起来，不要等到一切条件都完备了才开始。在初步完成之后，再依据实际情况和反馈，进行必要的调整和优化。

比如，你现在要写一篇命题作文，如果追求每个词句都完美无缺，那么你可能会一直停留在构思阶段，反复斟酌开头的第一句话，却始终无法真正动笔。一个实用的方法是：先写下大纲，甚至是粗略的草稿。不必担忧语法错误或用词不当，重点是让思想流动起来，将故事的框架搭建完整。在完成初稿后，再回头进行细致的编辑和润色，这样的过程往往能带来更高的效率和更好的成果。

3. 保持灵活性，随时调整策略

保持灵活性，意味着在遭遇意外情况时，能够接纳计划之外的变化，并迅速调整策略，找到新的解决方案，而不是固守原有的计划。完美主义者往往有着强烈的想要掌控最终结果的心理倾向，为此，他们在心中设定了一个极高标准的理想结果，并且期望整个过程都严格按照自己的预期发展。

然而，当一些意外情况出现时，完美主义者由于对结果有着过度的控制欲，会将这些意外变化视为对他们所追求的完美结果的巨大威胁。于是，他们会作出一些过度反应，可能表现为极度的焦虑、沮丧、愤怒或者采取一些不恰当的应对措施。明智的做法是，在面对意外情况时，要冷静地分析问题，并找到有效的解决方案。在这个过程中，调整心态至关重要——要将变化视为成长的机会，而不是失败的原因。

除此之外，还要在过程中享受乐趣。通过取得的每一个小成就，不断为自己加油鼓劲。事实上，很少有事情能够一开始就做到完美，大多数的成功都是经过不断的迭代和改进才得以实现的。这就如同建造一座高楼大厦，没有一块砖是完美的，但正是这些看似不完美的砖块，通过建筑师和工人的精心堆砌和打磨，最终构建起令人赞叹的建筑。

同样的道理，我们在行事时，理应先着眼于完成整体任务，而后再逐步雕琢细节，去追求所谓的"完美"。

不妨将"意见"改为"建议"

在职场中,每个人都或多或少地给他人提过意见。然而,很多时候,"提意见"这件事会在不经意间变成给自己挖的"坑"。为何会如此呢?原因在于方法不当。一般而言,"意见"要让他人心甘情愿地接受是较为困难的,因为自尊心会促使对方本能地拒绝。

有这样一则故事:有一户人家的厨房堆满了木柴。有人看到后,提醒他们更改烟道、移走柴火,否则会有火灾隐患,可这家人并未听从。后来,果真发生了火灾,邻居们纷纷前来救火,虽然火最终被扑灭了,但损失惨重。过了一段时间,他们设宴招待救火之人,却未邀请那位曾提出意见的人。这便是"曲突徙薪"的故事。

人们通常很难直接正视并接纳自己内心深处的真实状况,尤其是当涉及自己曾经犯下的错误时。就如同故事中的主人家,在经历失火事件后,明明知道当初提意见的人是正确的,却既不承认自己错了,也不肯承认对方是对的。

在工作中,当你给他人提意见时,对方往往也会产生同样的心理。比如,你提出一个意见后,对方可能会敷衍道:"这个意见不错,我非常认可。"抑或是:"可以,要不你出个方案,着手去做吧。"表面上看，似乎他接受了你的意见，实则是一种推托与拒绝。

很多时候，一个人不愿意听也听不进别人提的意见，主要有两方面原因：一方面，他倾向于维护自己的形象和自尊，不愿意承认自己在某些事情上的判断失误或行为不当；另一方面，对于曾经犯下的错误，他可能会感到懊悔、羞愧或内疚等，为了避免再次体验这些痛苦的感受，会下意识地选择逃避，而不是勇敢地直面错误并从中吸取教训。

因此，若要让人乐意接受你的意见，甚至是一些附带条件、较为苛刻的"意见"，不妨将"意见"改为"建议"。这可不是简单的词语替换，而是蕴含着微妙的心理博弈，更是一门精妙的"说话艺术"。

"意见"就如同拿着一个大喇叭，对着对方高喊："嘿，我的想法很重要，你必须听！"而"建议"则是温柔的耳语，仿佛轻柔地抚摸着对方的内心，轻声地说："嘿，你看看我的想法怎么样？或许对你有所帮助。"这语气、这姿态，自带一股"贴心小棉袄"的暖心风格。简单来说，"意见"是表达不满，"建议"是提供解决方案。

那么，在具体表述时，应如何将"意见"转化为"建议"呢？关键要把握以下几点：

1. 深入分析具体问题

在表达"意见"之前，首先要深入分析问题，明确问题的症结所在。仅仅停留在表面的抱怨或指责，难以引起共鸣，更无法提供有价值的解决方案。只有通过对问题的深入分析，找到问题的根源，才能更好地针对问题提出切实可行的建议。

有一个关于华为的经典案例：一次，一个新来的博士写了一篇万言意见书，任正非得知后，指示人事部门："如果此人不是精神有问题，建议辞退。"他的意思是，新人刚刚来到华为，对公司战略、文化、流程、人事等都缺少深入了解，就在工作中提战略问题，是狂妄自大的。事实也确实如此，新人初来乍到，对公司算不上彻底了解，此时他掌握的信息不全，往往只看到了某一个方面的"缺陷"，而无法站在领导的角度审视问题。

2.给出可行的解决方案

找到问题根源后，需要提出可行的解决方案。建议的提出要注重可操作性，避免空泛的理论或无法落实的方案。例如，关于某项目的进度，你提出了一个笼统的意见："领导，这项目进展有点慢啊，你想想办法啊。"你觉得领导应怎么回复你呢？他会觉得你说的是废话，进度慢，他不清楚吗？问题的关键在于，为什么进度慢，解决的方法在哪里，抑或是现行的策略存在哪些问题。如果只是提出问题，没有任何方案，那无异于发牢骚，或者是表达不满，言外之意就是"你这个领导怎么当的，能干就干，不能干就算了"。

3.提供有说服力的数据

数据能有效地增加建议的可信度和说服力。在提出建议时，尽可能提供数据支撑，佐证自己的观点。数据可以是市场调查结果、行业分析报告、历史数据对比等。例如，小王在负责的项目中对成本把控不够严格，你可以说："我查看了最近的财务报表，发现目前项目的支出已经超出了同类型项目平均成本的15%。比如在材料采购方面，我们对比了其他成功项目的数据，在同等质量要求下其采购价格比我们低了大概10%。你看我们要不要重新审视一下采购渠道和成本控制方法？"

4. 注重语言表达技巧

在提意见时，要使用积极的语言，避免带有攻击性或情绪化的词语，语气要真诚，态度要谦虚。同时，要清晰地表达自己的观点，避免冗长烦琐的叙述，让对方能够快速理解你的建议。例如，可以将"我认为应该这样做"改为"我建议采取以下措施"，或者将"我觉得这个方案不好"改为"我认为这个方案可以改进，建议……还请您指教"。千万不要一上来就板着脸说"我认为你这件事做得不对"，或者说"我认为你应该××××"那样的话，即便对方是个神仙也会生气。

在工作中，凡是有责任、有担当的人，大多会重视别人对自己提出的意见。如果他人提意见的方式恰当合理，他们往往能听进一些不同的声音，并认真思考每一个意见。需要特别注意的是，不论向谁提意见，方式如何合理合情，都务必先做好本职工作，这是增加你话语权的基础。否则，自己的工作做不到位，甚至一团糟，却对他人"指指点点"，就难免惹人嫌了。

张弛之间把握好三种节奏

在职场中，许多人往往会陷入两种极端的工作状态。忙碌之际，恰似高速运转的机器，各类任务紧锣密鼓地展开，会议接踵而来，报告一份接着一份，令人疲惫不堪，精神高度紧绷。而闲暇之时，则无所事事，要么摸鱼，要么混日子，在得过且过中虚度光阴。

欲在忙碌与松弛之间寻得平衡，务必把握好适宜的节奏。如此一来，职场之路方能既充满活力又不失沉稳，工作既高效进取又张弛有度。

节奏，通常指自然、社会和人的活动中一种与韵律相伴的有规律变化。"节"意味着停止，"奏"代表着行动，节奏可谓是关乎行动与停止的学问，即何时开始行动、行动持续多久、何时停下、停顿多长时间以及何时再度行动等。

诚然，节奏并非仅存于音律、诗歌、舞蹈以及体育运动之中，在日常工作中也有体现。一个在工作中缺乏节奏感的人，要么会陷入无妄的被动之中，成为一头无所作为的老黄牛，不是被鞭打快牛，就是最终累死；要么会陷入无尽的迷茫之中，成为一只无头苍蝇，不是到处乱撞，就是最终迷失；要么会陷入无所事事的等待之中，成为可有可无的边缘人，不是被忽视遗忘，就是最后被淘汰。

懂得把控节奏的人，能够合理安排时间，高效完成各项工作。他们会依据任务的轻重缓急制订计划，有条不紊地推进工作进程。在快节奏的工作环境中，他们能保持冷静，不为压力所左右；在慢节奏的时期，他们也会不断学习，提升自我，为应对未来的挑战做好准备。

那么，在工作中，应如何精准把握节奏，该奋力时前行，该调整时反思，该顿停时蓄力呢？关键在于做好以下三点：

1. 跟上工作的进度

工作进度直接关乎任务的完成效率与质量。在重要项目的推进过程中，要制订详细的计划，明确各个阶段的目标与时间节点。若不能合理把握工作进度，可能会致使项目延期，影响整个团队的业绩。例如，你负责一个新产品的研发项目时，由于未合理规划工作进度，起初进展缓慢。此时，要重新制订详细计划，将任务分解至每天，并严格按照计划执行。如此，不仅能提高工作效率，还可提前完成项目任务。

想把控好工作进度，首先，要学会分解任务，将大目标拆分为小目标，逐一攻克。其次，要建立有效的时间管理机制，合理分配时间，避免拖延。例如，可使用时间管理工具，如番茄工作法等，以提高工作效率。最后，定期检查与评估工作进度，及时调整计划，确保任务按计划完成。

2. 配合同事的节奏

在工作中，了解并适应同事的节奏至关重要，此举可使团队合作更加顺畅，提高工作效率。在此过程中，要主动与同事沟通交流，了解他们的工作习惯与节奏，并尊重他人的意见与建议，积极配合。若出现节奏不一致的情况，可通过协商与调整，找到一个大家都能接受的工作方式。

比如，你与某同事在同一个项目组工作，对方工作速度较快，而你则较为细致谨慎。为保持一致的节奏，避免矛盾，可协商出一个大家都能接受的方案：在项目前期，由对方负责快速推进，你在后期进行仔细检查与完善。通过这种方式，大家可充分发挥各自的优势。

3. 响应领导的要求

领导布置任务之后，若未明确任务的截止时间，那就根据事项的轻重缓急，初步制定一个进度表。通常，这个进度的把控，要结合工作的重要程度及领导的管理风格来进行。比如，领导的管理风格属于粗犷型，那在工作中要更加主动地进行自我约束与自我监督，自觉按照既定的时间表推进任务。可在关键节点主动向领导汇报进展情况，一方面让领导了解工作的动态，另一方面也能确保自己的方向没有偏离。

同时，对于可能出现的问题和风险要有提前的预判和应对方案，因为粗犷型领导可能不会细致地考虑到各种细节，我们需要自己做好充分的准备。

在工作中，若能将上述三种节奏把握到位，无疑会为自己营造一种更加和谐融洽的工作氛围。需要明确的是，控制节奏绝不是为了让你投机取巧、见风使舵，而是为了更加合理地安排工作，在提高工作效率的同时，也能保持良好的心态，从容应对各种工作挑战与变化。

第八章

馈赠有方：左手规矩，右手人情

馈赠，绝不仅仅是物质的给予，还是一种情感的传递以及关系的悉心经营，更是一门精妙的社交艺术。那些懂得馈赠之道、善于挑选并送出礼物的人，不但能够开启一扇通往人情练达之境的大门，而且能在规矩与人情之间巧妙地找到平衡。

馈赠不简单，要带着情商

在人际交往中，心意表达堪称一门古老的艺术。尤其在向尊长表达敬意之际，务必把握好平衡，明晰什么话当说、什么话不当说，什么礼可送、什么礼不可送，做到心中有数。这里所提及的"尊长"，主要涵盖领导、客户、师长，抑或是未来重要的合作伙伴等需要给对方留下良好印象的"贵人"。

不久前，小程从客服部调到了营销部，因对业务不够熟悉，工作接连出现问题。经理委婉地提醒他："要尽快展现出你的能力，不然，大家都不服你，我也很为难。"小程觉得在营销部更具发展前景，便答应经理一定好好干，然而，他却错误地理解了对方的话——误以为领导想让自己"表示表示"。

次日上午，他夹着两条烟，大摇大摆地走进经理办公室。经理问他："你带烟做什么？"他说："这是送给您的……"领导一听，顿时火冒三丈，也不愿听他多做解释，冲着他大声说道："赶紧、立刻、马上给我出去！"小程一脸茫然。

很快，小程向上司送礼的事情就在公司传开了。经理是个极为守规矩的人，一直有着不错的声誉。既然出了这档子事，他只好公开发表一封致歉信，并希望大家监督自己的行为。

现实生活中，有许多如小程这般的人，凡事习惯以礼开路，总以为只要送上一份足够有面子的礼物，就能顺利打开各种门路，解决所有问题。实则，这种做法容易让人陷入功利的陷阱。

特别是在与尊长交往时，要避免落入送礼的俗套。表达敬意的方式有很多，因此，必须多方面考虑问题，在注重形式、礼节的同时，也要防止越界。如果一定要馈赠对方一些东西，需要把握好四个关键原则。

1. 不要赠送贵重的礼物

你是普通人，你的收入对方了如指掌。礼物太贵重，可能会引起不必要的猜测和误解，如此一来，对方就不好接受。但太轻的礼物又拿不出手，有失颜面。那该如何是好呢？可以在自己的消费能力范围内挑选一些价格适中且有美好寓意的礼物，这样既能表达情意，也不会让对方有压力或负担。或者送一些时令土特产，抑或赠送对方一些经济实惠、使用频率较高的物品——这样，对方使用时自然也会想起你。

2. 刚认识的人不送

有的人刚进入一种新的环境，会第一时间给新认识的上级、客户等送上一些"心意"。其实，这种做法极为不明智。你是新人，暂且不说大家对你的人品、能力等不甚了解，不敢贸然领受你的这份心意，重要的是，你得先熟悉环境、了解情况，表现出大家期待的水平。待大家相互认可后，在平等、尊重的基础上，建立适当的人情往来，无可厚非。

很多时候，事情往往坏在双方只是点头之交，却一定要馈赠对方些什么。也许一方只是出于单纯的好意，但在另一方看来，却可能觉得这份馈赠别有用心。

3. 不要有攀附的意味

高明的馈赠方式，往往能让对方感觉不到你在刻意为之，从而避免对方尴尬或不适。比如，你想给某个贵客送一袋水果，可将"送"变成"分享"，可以这样说："我有个远方的朋友，他承包了几座山头，种植有机水果，前几天他寄了几箱过来，今天给您带一点过来，您也尝尝看，如果觉得味道不错，还烦请您帮忙推销一下。"明明是送水果，这么一说，结果变成让对方帮忙了。

另外，也可以直接把东西交给某人，无须过多解释。比如，可以说："最近收到了一些今年的新茶，知道您喜欢喝茶，特意留了一些给您品尝。"

总之，要学会巧妙地转换送礼的目的和形式，让对方觉得这是自然而然的事情，没有张扬的姿态。这样既能达到馈赠的目的，又能表达你的心意。

4. 大家都送时别落下

在现实中，有一种常见现象是群体馈赠，即在节日或特殊场合，大家会选择一起给某人送上一份特别的礼物，以表达一种集体情感。这种情况下，礼物只是一种心意，重要的是，大家在行动上要保持一致性。比如，某位德高望重的好友生病住院了，几个人合计着一起带点什么东西去看望一下。如果此时，你既不参与其中，也不单独去看望并表达自己的关切之情，那大家会觉得你这个人缺少人情味儿。

总之，在向尊长表达某种心意时，要多些礼数，而非礼物。只要心怀敬意，诚意满满，把握好语境与彼此的身份差别，即使是一句简单的问候、一个恭敬的举动，也能成为连接彼此的情感纽带。

随份子，要懂得规矩

"随份子"向来是个让人爱恨交织的话题。爱之所在，是其能够表情达意，促进感情升温；恨之缘由，则是它时常令人困扰："到底随多少才合适呢？"随得少了，恐拿不出手；随得多了，又会倍感压力。通常情况下，许多人会权衡彼此关系，并参照过往标准，以确定一个较为恰当的金额。无论随多随少，随份子钱的关键在于表达尊重、感激或庆祝之情，绝非随意包个红包敷衍了事。

十多年前，刘某之子考上大学，他举办了一场升学宴，彼时众多亲朋好友纷纷包上大红包。待儿子大学毕业后，刘某再度设宴款待各方亲友。一年后，儿子步入婚姻殿堂，刘某又操办了一场婚宴。

一年后，陆续有亲朋好友的孩子喜结连理，到了还礼之时，刘某却显得有些斤斤计较。起初，他儿子结婚时，对方随了500元礼金，他便打算一分不多、一分不少地还回去。这时，有人提醒他："你还办过升学宴、毕业宴呢，大家当时都随礼了。"

刘某听后，皱起眉头说道："事情一码归一码，谁让他家儿子考不上大学呢？要是考上了，我自然也会随礼。"众人皆沉默不语。

《礼记·曲礼上》有云:"礼尚往来。往而不来,非礼也;来而不往,亦非礼也。"在人情往来中,确实有不少人存有这样的狭隘观念:秉持分文不亏、不欠的原则与他人交往,缺乏应有的变通。要明白,真正的人情往来,应是充满温暖与理解的互动,而非冰冷的等价交换。

所以,在随份子这件事上,不能仅仅将其视作一种金钱往来,而应视之为传递情感、表达祝福的方式。正所谓"随礼见人品",要让随份子回归其原本的意义,成为连接人与人之间情感的纽带,而非羁绊,这就需要把握好一些基本的随礼规矩。

其一,既然随了,就莫要想着日后收回。

在随份子时,重要的是表达祝福与尊重,而非期待对方回报。倘若随份子时满心期待对方将来加倍奉还,那极有可能大失所望。毕竟,这种功利性的期许不仅会让美好的祝福变味儿,还容易在彼此之间引发嫌隙与矛盾,甚至招来无端的揣测。

在现实生活中,身边难免会有一些经济条件欠佳的亲朋好友,在他们办酒席时,你随适当的份子钱,最好不要存有"将来收回来"的念头。真正聪慧之人,在随礼金时会说明情况,比如:"这是一点小小的心意,无须挂怀……"如此一来,既能在场面上将人情做足,又能让对方感受到你的格局与温暖。

其二,真心随礼,不将就、不勉强。

随礼不单是一种物质上的给予,更是一种情感的表达与心意的传递。当你决定随礼时,就应摒弃敷衍与功利的心态。如若不然,心不甘情不愿,即便份子钱随出去了,也难以发挥应有的价值,还有可能招致埋怨。

《吕氏春秋》中记载了这样一个故事:战国时期,思想家列子家境贫寒。有人将列子的家庭状况告知郑国执政者子阳，子阳当即派人送来几百斤粮食，却被列子婉拒。列子的妻子极为生气，她说："你看，一家人都快饿死了。"列子回应道："子阳原本并无送东西给我的打算，是因他人要求他才如此行事。"

诚如一句话所言："非你的伞，莫去躲雨；非你的菜，勿伸筷子。"真心实意地随份子，是发自内心地为对方的喜事而喜悦，而非为还人情而勉强为之，也不是为攀附关系而刻意为之。反之，缺乏诚意地随份子，会让对方觉得受之有愧，如此便失去了随份子的意义。

其三，精准随礼，彰显用心与巧思。

作家张勇曾讲述过这样一个故事：民国时期，湘南遭遇灾荒，殷天引家中断了粮食。朋友王杨坐着轿子前来拜访，随后花高价买走了殷家的一个香炉，还不住地夸赞其为古董。若干年后，殷天引偶然发现王家用那个香炉种花。原来，那香炉竟是仿冒品。王杨之所以这样做，是担心殷家不愿接受他的帮助。他以这种巧妙的方式，既保全了殷家的尊严，又给予他们实实在在的援助。

同理，在随份子时，不一定非得给予钱财。比如，若遇到农村养鸡的朋友，不必给予大量钱财，而是可以为其送去技术、介绍销售客户。这样，借随礼的契机，不动声色地助力他走上致富之路。再如，孩子的生日、中年人的生日以及老人的生日，可以给予不同的礼物——为孩子准备玩具，给大人送去实惠之物，为老人送上关乎健康的礼物，如此方能体现出随礼者的用心。

综上所述，随礼旨在让友谊增值，而非"真金白银"的较量，否则，便失去了意义，反而会因铜臭味而令人反感。

馈赠礼物，忌讳"一刀切"

人生于世间，必然少不了人情世故中的往来互动。亲朋好友、同事邻居乃至七大姑八大姨等，人际关系恰似一张庞大而细密的网，将我们紧紧联结。而人情往来，则如这张网中的一个个网眼，使得这份联系越发紧密。尤其在礼尚往来之际，最为忌讳的便是"一刀切"。

说白了，切不可妄图以一把"万能钥匙"去开启形形色色的"人情锁"，那注定是徒劳无功。为何如此呢？只因每个人的性情、格局与视野皆不相同。倘若对方热爱读书，那么精心挑选一本好书作为礼物相赠，远比单纯送上一份价格昂贵却不合其喜好的物品更能传情达意。当同事在工作中遭遇挫折时，一句真诚的鼓励话语与一杯温暖的咖啡，或许比一份形式化的礼物更能赋予其力量。而对于喜爱旅行的亲人而言，一本精美的旅行相册或者一个实用的旅行背包，极有可能成为他们心中最为珍贵的礼物。

由此可见，在恰当的时刻，将合适的礼物送给合适的人，绝不仅仅是一种物质的给予，更是一份心灵的慰藉与情感的共鸣。所以，在礼尚往来之时切不可总是套用固定的"模板"，而应让每一份礼物都彰显出其应有的意义与价值。在此，需把握好以下几个禁忌：

1. 关系不到位，切勿刻意送

聪慧之人在馈赠礼物给他人时，深知什么话当讲、什么话不当讲，从而能让对方自然而然地接纳自己的心意，而不会产生突兀之感。要达此境界，有一个前提条件，那便是双方需具备一定的感情基础。否则，若关系不够到位，就不要轻举妄动，尤其不可贸然送礼。毕竟，良好的关系是建立在真诚、理解以及共同价值观之上的，而非依靠物质的馈赠来维系。

当然，考虑到双方关系尚不熟络，有人或许会想到一个办法：隔山打牛。即在向关系不到位的人表达心意时，不亲自出面，而是借助他人之力。但建议最好不要采用此招。为何呢？原因很简单：无事献殷勤，非奸即盗；你对他进行过细致的打探，你做此事未经对方同意，会让对方觉得你别有用心。仔细琢磨，可谓条条皆足以致命。

2. 职位不对等，不可轻易送

在职场中，许多人认为：送礼乃是人情世故，是拉近关系的润滑剂；送礼更是职场潜规则。实则不然，真正的职场关系应当建立在专业能力、努力工作以及相互尊重的基础之上。若双方职位、能力等不对等，试图通过馈赠或其他方式来拉近关系，实乃最为掉价的行为。

比如，有人欲与上司搞好关系，便会苦思冥想送什么东西为好。而当他如此去做时，其实也向外界传递出一个错误的信息：此人头脑简单，似乎觉得职场中的关系可以通过交易得来。其实，他更应明白：上司并不缺你这点礼物。收了礼物，不仅会产生亏欠感，还可能给自己带来麻烦。既然如此，又何必收取呢？

3. 标价的物品，不能直接送

现实中，有很多人会犯下一个大忌，即在馈赠礼物给别人时，不忘将价格道出。他们的本意或许是让对方了解礼物的价值，以彰显自己的诚意与用心。然而，这种做法却往往适得其反，容易被对方误认为是一种暗示。

某人去拜访一位重要的客户，临别之际，他从包里取出一瓶包装精美的酒，放在桌上，说道："刘总啊，我给您带了一瓶国外的红酒，这可是八二年的哦，您看盒上的价标，要八千八呢。"客户顿时拉下脸来，执意不收："我有胃病，早就戒酒了，你的情意我心领了，酒你必须拿走。"说着，硬是将酒塞进了他的包里。其实，送之前应当将价签撕掉，在送给对方时说："这份薄礼，实在微不足道，不成敬意，还望笑纳。"或者说："今日前来拜访，匆忙之间未能准备什么上佳的礼物，实在有些过意不去。"

人情往来，偶尔难免会涉及礼物的馈赠。很多时候，赠出的并不仅仅是礼物本身，更是面子、心意与情感。小礼物若要送出大人情、大格局，务必因人、因事、因情而赠，不可一概而论。

掌握馈赠的四个关键技巧

"哇，这份礼物实在是受之有愧呀！"

"不不不，真的不必如此客气，它太贵重啦！"

"这个×××，无论如何都是不能收下的。"

馈赠之际，许多人都曾置身于类似的场景之中。毕竟，人皆好颜面，即便心中有接受之意，但若你一送便收，难免显得格局略小。故而，送礼之时，对方通常会先行拒绝。不过，在日常的人情往来或是逢年过节之际互赠礼物以表达某种心意或祝福，对方虽起初可能拒绝，但只要把话讲得清晰透彻、恰到好处，对方基本上不会执意拒绝。

此处有一点至关重要，那便是馈赠的说辞与方式需适宜。

不少人在给他人送礼时惯用的话术公式为：真不麻烦（不值钱或很方便）+ 为何给您送这份礼。如此说法，极易陷入送礼的俗套。例如，你送给领导一个小摆件，然后说道："送您一个小物件，不值多少钱，不过我觉得它很符合您的气质，希望您收下，以后还请您多多关照。"初闻此言，似乎并无不妥，仔细品味，却能发现诸多问题。

首先，用"送"字不太恰当，尤其在职场中，它或多或少会让人联想到刻意讨好、别有用心，改为"分享"更为合适；其次，强调"不值钱"也与送礼的语境不符，本意或许是不想让对方有心理负担，可如此表述，从侧面反映出你对礼物的挑选较为随意，仅考虑价值层面，缺乏心意；最后，"以后还请您多多关照"过于直白，有让领导违反职场公平原则之嫌，改为"我会继续努力，也希望能得到您的指导和帮助"，既表达了自己积极的工作态度，又委婉地请求领导的支持。

由此可见，若说辞得当，对方不仅不会轻易拒绝，也不会心生疑虑与负担。在日常的礼尚往来中，若想将礼物体面地送出，需把握以下几个原则：

1.求人不送礼，送礼不求人

许多人在遇事需他人相助时，常常带着精心挑选的礼物登门拜访，功利性极为明显。正所谓"求人不送礼，送礼不求人"。在寻求他人帮助时，应依靠真诚的沟通、合理的请求以及自身的努力与能力，而非通过请客送礼来达成目的。而平日里给人送礼，乃是出于情感表达、感恩或友好之意，并非为求人办事。良好人际关系的建立与维护，靠的是平日里的往来走动，而非临阵磨枪。试想，若一个平时与你毫无交集之人，某天突然带着礼物登门求助，你会作何感想？又会收下礼物吗？

2. 不能说"送"，要说"分享"

当我们以"分享"或其他名义送出礼物时，瞬间便将礼物的给予转化为一种美好的互动。它不再是单纯的给予与接受，而是一种情感的交流与共享。

有时，直接说"送"可能会让对方感到压力，或者觉得礼物带有强烈的目的性。此时，可采用一些巧妙的方法来避开这个"送"字。比如，当你欲送土特产品时，可假称是老家来人带来的，只是分一些给对方尝尝鲜。可以这样讲："最近老家来了人，带了些土特产。我想到你可能会喜欢，就拿一些给你尝尝。这并非我特意购买，也没花什么钱，只是觉得好东西应当与好朋友一同分享。"这样的说法，会让对方觉得你的礼物并非刻意准备，而是出于一种自然而然的分享心态，对方也会更容易接受。

3. 不宜直送，要会"暗"送

这也是一种常用的送礼技巧。例如，你想送某个朋友一瓶酒，可以借口说："这是别人送我的，我一个人也喝不完，想到你也喜欢喝酒，就让你也品鉴一下。"如此一来，既送出了礼物，又不会让对方觉得你有特别明显的目的。对方会认为这只是一次偶然的分享，而非刻意的送礼行为。

在《红楼梦》中，贾芸给王熙凤送礼以谋求差事时，用的便是这个借口，大致意思是：我朋友是开药铺的，送了些冰片给我，我也用不了这么高档的东西，还是孝敬婶子最好。

4. 不单独送，结伴来送

有时，你想向某个人表达心意，但彼此关系不够紧密，单独送礼可能会遭对方拒绝。此时，不妨在某个特殊日子，邀请几位共同熟识的人一同去送礼。

小李想向一位在工作中接触过但不太熟悉的前辈表达敬意与感谢。得知前辈即将举办生日宴，小李便联系了几位与前辈和自己都相识的同事，大家一起商议准备一份合适的礼物。在生日宴上，众人一同送上礼物，前辈既惊喜又感动。此后，在工作中前辈对小李也多了几分关注和指导，而小李与同事们也因为这次共同的活动，关系变得更加紧密。

这种结伴送礼的方式，不仅让对方难以拒绝，还能在特殊时刻为对方增添更多的喜悦与温暖。同时，通过共同参与这样的活动，大家的关系得以进一步强化，为良好的人际关系奠定更加坚实的基础。

送礼的本质在于传递心意，建立联系。但这"心意"并非一成不变，要根据不同对象，运用不同的技巧，以真心与智慧送出每一份礼物。

面对婉拒，要会见招拆招

馈赠，最为棘手的情况莫过于你精心挑选的礼物却遭到对方委婉拒绝。此时，切勿惊慌失措，而应学会巧妙地救场，化解尴尬，甚至扭转局势。

首先，我们需明确一个基本原则：馈赠的目的在于增进感情，绝非"逼迫"对方接受。对方拒绝你的礼物，并非不领情，而是可能出于种种原因，比如礼物过于贵重、确实派不上用场，又或者你所送礼物实在令人难以言表。

面对此种状况，最忌讳的便是死缠烂打、强行送礼。这不仅会让对方更加反感，也会使你陷入尴尬之境。正确的做法应是见招拆招，巧妙化解尴尬，将拒绝转化为另一种形式的接受。

1. 应对"你赚点钱也不容易，就不要破费了"

当对方说出"你赚点钱也不容易，就不要破费了"这句话时，切勿回应"不贵，不贵，也没多少钱"，而应顺着对方的话往下说，例如："这不快过节了嘛。您平时忙碌，我也不好意思来打扰。这是家乡的一点土特产，给您尝尝。"

比如，你送给朋友一盒昂贵的茶叶，对方却表示家里茶已很多，不要再破费了。此时，你可以说："那就留着待客吧，或者送给喜欢喝茶的亲朋好友，也是不错的选择。"如此一来，你的礼物便容易被"接受"。

2. 应对"忘了告诉你,我是不……"

若对方以"忘了告诉你,我是不……"的方式拒绝,比如不喜欢喝茶、喝酒,又或是不喜欢某些物品,可以用半开玩笑的方式回应,以化解尴尬。例如,你送了对方一只"萌宠"毛绒玩具,对方却表示自己并不喜欢毛绒玩具。你可以自嘲地说:"看来我挑选礼物的眼光还需再磨炼磨炼。"或者说:"好吧,看来我送的礼物不合你心意,下次我一定送你更实用的东西,比如……"

3. 应对"你搞这些名堂干什么,一会儿记得拿走!"

如果对方说:"你搞这些名堂干什么,一会儿记得拿走!"此时,不要顺着对方的话说,诸如"既然拿来了,怎么能拿回去"或是"不拿了,这是专门送给您的"。而应该这样回应:"好的,好的,这次确实有点冒昧了。"然后不要再继续这个话题。等起身离开的时候,千万不能拿走礼物,即便对方让你拿,也不能拿。这时,可以笑着说:"就先放你这里,下次过来再拿。"

4. 应对"我会尽力去办,不过,东西你拿回去!"

倘若对方不直接拒绝为你办事,也不收你的礼,声称要按流程走。此时,要学会巧用"借"字。比如,你送了一瓶名贵的红酒,对方却说:"酒你还是拿回去,事情该怎么办还怎么办,再说我也不喝酒。"你可以说:"没关系,这瓶酒我暂时借给你保管,下次聚会的时候,我们可以一起开瓶享用。"这样,你的礼物既被"接受"了,对方也无须担心欠你人情。

5. 应对"你的东西,赶快给我拿走!"

拿还是不拿?当然不能拿。那该怎么说呢?可以这样回应:"我就知道我错了,我错了,我错了,下不为例,下不为例。你大人有大量,不要跟我一般见识。"然后边说边退出。

如果对方多次委婉拒绝你的礼物，那就应该识趣地停止送礼行为，不要再死缠烂打，否则只会适得其反。你可以笑着说："看来我的眼光不太好，下次我一定多加留意你的喜好，选你喜欢的礼物。"最后，留下一个美好的印象，远比强行送礼更为重要。

总之，送礼被拒时，不要自乱阵脚，要根据不同情况灵活调整策略，用得体巧妙的方式化解尴尬。当然，如果对方真心拒绝，应该尊重他们的选择，不要强迫。毕竟，感情是靠真心维系的，而不是靠礼物获取的。

馈赠后的六大避坑攻略

是否可以说，礼物一旦送出，心意就必然达成了呢？答案显然是否定的。得体地赠送礼物，绝不仅仅是将礼物递到对方手中这般简单，后续的言行举止起着至关重要的作用。有时候，或许仅仅是不经意间的一句话、一个细微的举动，都有可能让先前的努力付诸东流。

因此，在赠礼之后，需谨言慎行。其中，有几个关键规矩务必遵守。

1. 守口如瓶，不可宣扬

赠礼本是表达心意或寻求帮助的一种方式，然而，一旦张扬出去，极有可能引发诸多麻烦。这不仅会损害你与收礼之人的关系，还可能影响到你的声誉和未来发展。所以，从决定赠礼给他人那一刻起，就应如同守护一个珍贵的秘密一般，紧紧闭上嘴巴。

尤其是在求人办事赠礼后，更要将此事深埋心底，绝口不提。倘若事成之后你四处宣扬，难免会有居心叵测之人以此为借口在背后使坏。而若事情未办成，你却公开谈论，那无疑是在宣称别人得了你的好处却不办事，于情于理，这都是在给自己树敌。

2. 勿在受礼人面前重提旧事

无论是为了培养关系，还是请人办事，赠礼之后切不可在受礼人面前反复提及此事，要装作什么都没有发生过。若你一再提及，多少会让人觉得你有意无意在进行"道德绑架"。如此一来，对方即便嘴上不说，心里也会极为不舒服。如果不可避免地谈及相关话题，要学会自然地过渡到其他话题，避免让送礼成为对话的焦点。

3. 不要"过度关注"

赠礼之后，切记不可"过度关注"，否则容易引起他人"反感"。比如，你送了朋友一份礼物，然后就一直追问他"喜欢吗？""用得怎么样？"，甚至还暗示他"记得用我的礼物哦"。这样一来，你的"好意"就变成了"负担"，你的朋友只会感到"压力巨大"。所以，赠礼之后，就不要再"过问"了，让对方自由支配即可。

4. 不要轻易去讨要

如果找人办事，事情没有办成，那之前你赠送的东西还能要回来吗？这种情况不可一概而论，应具体问题具体分析。如果对方主动归还，那可以收回来，不过要注意一点，千万不要直接收下，而要做些礼让。如果对方压根儿不提要退还之事，而东西又不值多少钱，那就不要有讨要的想法。毕竟，与其为了一些没什么价值的东西翻脸，还不如给对方留个好印象。

5. 无论事情成败,都要有所表示

如果赠礼请人帮忙,可分为前、中、后三个阶段。前期是摸底牵线,中期为赠礼,后期则是收尾。如同去庙里上香许愿,事后还需去还愿。若对方帮你把事情办成了,此时若不去拜访表达谢意,对方可能会觉得你做人有所欠缺,事成便忘,有过河拆桥之嫌。毕竟之前已赠过礼,事成后再有所表示,既是为了表达诚挚的感谢,更是因为谁也不敢保证以后这个关系不会再用到。

若对方收了礼物却未能帮上忙,也不能不去。一方面,要去了解事情未办成的原因,以便调整策略;另一方面,同样要去表达感谢。正所谓买卖不成仁义在,忙没有帮成,人情关系仍要维系。

6. 不要急切地期待回馈

赠礼应该是出于真心,而不是期待某种形式的回报。一旦对方察觉到你有所期待,可能会对这份礼物产生负面情绪。这种情绪可能会让原本美好的礼物变成一种负担,甚至对双方的关系造成伤害。为了避免这种情况的发生,需要学会如何恰当地表达心意,同时避免期待任何形式的回报。

严格遵守上述几个规矩,可以更好地避免在送礼之后陷入不必要的"坑",让彼此之间的关系更加自然和舒适。

第九章

求人有法：按规则办事，顺风又顺水

人生于世间，无人可称全才，也无法做到万事不求人。既然求人在所难免，便需深谙求人之规则与技巧，然后依章而行。倘若求人不得其法，难免会陷入尴尬之境，遭遇碰壁之窘。可见，学会求人有法十分有必要。

找对人，才能办对事儿

许多人都曾有这样的经历：身处陌生城市，一时难以找到目的地，情急之下向路人询问。路人往往会说："不好意思，我对这儿也不熟悉。"即便有人知晓，也只能大致指点。

然而，若转换思维，一开始就去寻找附近的大爷大妈、环卫工人或小摊贩等，他们很可能第一时间就将路指得清清楚楚：前行多少米，左拐，再右拐，到哪个路口，再向前多少米……简直就差亲自领着你去找那个地方了。

举这个例子旨在说明：要想把事情做对做好，找对人着实非常重要。找对了人，你便能在第一时间避免走弯路，节省大量的时间和机会成本。这也是一些办事高手始终坚持的办事原则。

例如，在与他人合作方面，如果不进行细致考察，只看重对方的财力而忽视人品，那么这种合作就潜藏着极大风险。一个人品不佳的合作伙伴，可能会在利益面前背信弃义，为了一己私利而损害共同利益。

求人办事也是如此，只有找对人，才能把事情办得顺利。有的人求人办事时，喜欢找那些夸夸其谈之人。这些人有个共性，就是习惯拍着胸脯宣称自己神通广大，认识诸多重要人物，拥有各种硬关系。在他们眼中，你所求之事不算什么，或许打一声招呼，吃一顿饭就能解决。事实上，他们骗吃骗喝倒是很在行。真正能办事的人，往往是那些低调务实、真诚可靠之人。他们不会轻易承诺，但一旦答应帮忙，就会全力以赴。所以，在求人办事时，一定要保持清醒头脑，不要被那些夸夸其谈之人的表象所迷惑。

老李的儿子大学毕业后一直闲在家中，三年未曾上过一天班。工厂他不愿意去，想去的公司又看不上他。有一天，老李在饭局上结识了一位高人，此人声称自己的一个好哥们儿在某知名企业担任副总。老李听后，便想着与对方拉近关系，他满脸堆笑，端起酒杯向对方敬酒，言辞恳切地表达着自己的敬佩之情。

随后，老李委婉地提及自己儿子的情况，希望这位高人能帮忙牵线搭桥，让儿子有机会进入那家知名企业工作。对方听后，微微颔首，却并未立刻给出明确答复，只是含糊地说会考虑考虑。

在接下来的一个月里，他隔三岔五就请这位高人吃饭，并让他帮忙打点，花了不少钱。可每次问起工作的事情，对方总是说"再等等，好饭不怕晚"。时间一天天过去，老李心里也开始犯嘀咕，但又不敢得罪这位"贵人"，只能继续等待。之后，这位高人开始不接他的电话，人也消失得无影无踪。这时，老李才意识到自己可能被骗了。

许多人都有类似的经历，盲目相信一些所谓的高人，相信歪门邪道，结果被坑被骗。既然是求人办事，就一定要走正规途径，找对的人，否则很容易落得个竹篮打水——一场空的下场。

那么，求人办事时，什么样的人才算是对的人呢？归结起来，主要有两种人：一种是有能力帮你办事的人；另一种是愿意帮你办事的人。

第一种：有能力帮你办事的人。

要想把事情办成，首先得找有能力办成事的人。而且在很多时候，有些事情必须由特定的人来办理，也就是说，要办的事在他的职责范围内。否则，即便夸下海口，最终一点事也办不了，那还是等于零。

比如，你想更改手机号的套餐，刚到营业厅，会有热情的服务人员上前打招呼："先生，您要办理什么业务？"你说："我要办一个8元的月套餐。"对方会明确地告诉你："现在公司已停止办理该业务，最低只能办18元的。"你办还是不办？你说："那我不办了。"事后，你打客服电话说："给我办个8元套餐。"结果，当即就给你办了，下月生效。

可见，找对有能力帮你办事的人至关重要。营业厅的服务人员或许没有权限办理特定的业务，尽管他们热情，但却无法满足你的实际需求。而客服则拥有相应的权限，能够直接为你解决问题。

所以，在办事之前，要仔细分辨谁才是真正有能力办事，也能把事情办妥的人。不能仅仅因为某人表现出办事意愿，或者夸下海口就盲目地相信他们。

第二种：愿意帮你办事的人。

每个人的脾气秉性、关系网都不一样，某人能帮张三办事，也能帮李四办事，就是不能帮你办事，那对你来说也不是对的人。所以，找人办事时，一定要衡量你与办事者之间的关系，看是否说得上话，如果关系到位，办起事来要容易许多，如果话都搭不上，那就要另想办法。

比如,两个人因为一点儿琐事发生争执,事后,都后悔自己当时有些冲动,也都愿意找个中间人说和,消除误会。那该找谁呢?其中一人想到了之前的一位同事,当他和对方说明来意,人家一听,不乐意了:"还是算了吧,之前我和他也有过节。"

后来,他想到了即将退休的老刘。老刘见多识广,在"捂盖子"、做"和事佬"方面有两把刷子。在接到调解请求后,老刘二话没说,就是一句:"没问题,周末饭局见。"在饭桌上,老刘三言两语,就把双方的心结打开了,让双方的心变得敞亮了。综上所述,求人办事找对人,是成功解决问题的关键。对的人熟悉业务流程,拥有相应的权限和资源,能够高效地推动事情的进展,即便事情办不妥,甚至出现突发情况或矛盾纠纷,他们也能够平息事态、压住局面,从而稳定局面。

找人帮忙,要有利他思维

在生活与工作的历程中,我们时常会有求助他人之时。然而,寻求他人帮忙绝非易事,其中暗藏着至关重要的智慧——秉持利他思维。当我们怀揣利他之心去请求援助时,往往能够开启更多的机遇之门,促使他人更乐于伸出援助之手。

稻盛和夫曾言:"利己则生,利他则久。敬人者人恒敬之,爱人者人恒爱之,利他实乃一种高级的'利己'。"在一定程度上为自身考虑、谋取利益,确属合理且必要之举。倘若一个人能够心存他人、为他人思虑、为他人行事、为他人赋予价值,那么从长远来看,这种利他之举会以各种形式回馈到自身。

我们皆知晓,人际交往的本质乃是价值交换。换言之,众人之所以能够相互扶持,有一个关键前提:彼此之间存在某种价值互换。这种价值既可以是物质层面的,诸如资源、财富等;也可以是精神层面的,例如情感支撑、知识分享等。

若一个人决意做一个纯粹的利己主义者,凡事唯有对自己有利才去做,无利之事则避之不及,那么在人际交往中,他便不会主动进行价值交换,甚至缺乏必要的利他思维。试想,这样的人请求帮忙,又有谁会真心实意地伸出援手呢?给予永远是相互的,欲求他人利己,必先学会利他。

小孙是公司的业务员,为人热忱,常常主动为同事修理电脑、打印机,偶尔还会帮人跑腿,比如取快递、拿外卖之类。久而久之,大家会觉得,有需要的时候,招呼小孙去做这些事情"天经地义"。

有人规劝小孙:"你可真是个'傻白甜',你来公司是为了赚钱,不是来伺候这帮人的,他们凭什么这般使唤你?"小孙回应道:"我也没考虑那么多,觉得大家同事一场,只要是能帮上忙的,顺手帮一下也无妨。"

实际上,小孙的做法不无道理。因为他为人诚挚,乐于助人,所以在公司里人缘极佳。有时在业务上遇到难题时,大家也都愿意为他出谋划策。有一次,小孙接手了一个极具挑战性的项目，在项目推进过程中，他遇到了技术方面的难题，正当他一筹莫展之际，一位同事凭借自己的关系，从别的公司请来了一位技术大咖，为他提供现场指导。一年后，由于业务精湛且工作积极上进，小孙被提拔为业务部经理。

在人际交往中，利他思维至关重要。有的人难以求得他人相助，办事能力欠佳，表面上看是"人缘不好"，归根结底，还是因为自私，自私者的一个显著特点就是缺乏利他思维。这类人请求帮忙时，只期望得到对自己有利的结果，极少考虑自己能为别人带来什么。

有道是"求人先谈利，利不受，莫求人"。简而言之，就是你为我办事，我会由衷地给予相应的回报，一顿饭也好，一份小礼物也罢。不论对方是否接受，至少要有这种观念，这并非功利的交易，而是对他人付出的尊重与认可。反之，求人的话说得惊天动地，关于"利"却只字不提，甚至都不想有任何付出，那么这种做法无异于赤裸裸地索取。

从长远来看，不论办理何事，只要与利益相关，就务必想到"利他"，不要幻想总有那么一些无私的人会理所当然地、无偿地帮助你，即便真有这样的人，也往往是看到了你的价值。如果总是一毛不拔，不讲规矩，一两次之后，便不会有第三次了。

树不能硬依，山不能死靠

俗话说："朝中有人好做官，大树底下好乘凉。"这两句话的核心关键词皆为"靠山"。虽有"靠山山倒，靠树树歪"之说，然而该依靠时仍要依靠。若你不依靠，那是你的问题，意味着你未将对方视作重要人物；若靠不住，则是他的问题，同时也是检验彼此关系的契机。

生活中，我们难免会结识一些"厉害人物"。他们是否如他人所宣称的那般有能耐、能办事，又是否真把你当作好兄弟，有一个绝佳的检验方法，那就是适时找他们办点事情。倘若连一点小忙都不愿帮，那就别指望他们能为你办成大事。若强行依靠，恐会闪了腰。

倘若有机会结识一位可"依靠"之人，需理性权衡其实力以及彼此间的关系，切不可死皮赖脸地纠缠。若对方本身实力不足，也办不了什么事，那他必定害怕你找他办事。即便有实力，也得谨慎行事，一旦过度消耗他的资源与人脉，他也会抽身离去。

所以，求人办事需讲究策略，万不可硬来，即便是可靠之人，也要学会温柔地依靠。

1. 明靠：事情要拿到台面上谈

"明靠"，即光明磊落地寻觅志同道合的伙伴，并大方地让他人知晓彼此积极向上的关系。这种方式直接坦诚，在诸多情况下，双方能够基于共同的目标与价值观迅速达成良好的合作意向，尤其适用于那些可公开透明进行的合作关系。

通常而言，当别人知晓你的人脉后，即便不看你的面子，也会看在你人脉的面子上行个方便。倘若你的人脉足够强大，便如拥有一张极具效力的通行证，能够在许多时候为你打开局面。而且，你的人脉还会产生光环效应，吸引众多合作者向你靠拢。

比如在学术领域，一位年轻的学者找到一位德高望重、学术成就斐然的导师合作研究项目。他们公开这种合作关系，一方面，年轻学者能够从导师那里学到丰富的研究经验、严谨的治学方法和广阔的学术视野。另一方面，导师的声誉和影响力也会为年轻学者带来更多的资源和机会，例如参加重要的学术会议、获得研究资金支持等。周围的同行和学生看到他们的合作，也会对年轻学者更加尊重和关注，为其未来的学术发展奠定良好的基础。

不过，"明靠"也应保持理性与谨慎。这并不意味着要完全依赖他人，而是提醒我们在求人办事时要不断提升自身的能力和价值，不可过度依赖他人。

2. 暗靠：建立低调务实的合作

顾名思义，"暗靠"，是指双方秉持低调务实的态度，在不张扬的情况下建立起良好的合作关系。这种关系虽不常显于表面，但在背后却有着深入的交流与协作。双方以专业和真诚为基石，默默地为共同的目标努力奋斗，在关键时刻能够相互支持、携手前行。

例如在艺术创作领域，一位新兴的画家和一位资深的艺术评论家以这种方式合作。他们平时不会频繁地公开互动，但评论家会在私下为画家提供专业的艺术见解和市场趋势分析，帮助画家不断提升创作水平和拓展艺术视野。画家则在创作中融入这些宝贵的建议，逐渐形成自己独特的艺术风格。当合适的时机到来时，画家的作品惊艳亮相，获得广泛的认可和赞誉，而这背后离不开他们之间这种低调而有力的合作。

3. 假靠：假作真时真亦假

"假靠"是一种借势策略，即以巧妙利用某些关系、资源等方式为自己创造机遇。现实中，很多事情真真假假，难以分辨清楚。有时，大家误以为你背后有高人或是一定的资源，而这又有利于你求人办事，那不妨顺势而为，以此打开新局面。

小韩是一家公司的部门经理，跟随老板多年。在一次机构改革中，他的部门被"优化"掉了。之后，他被安排到了分公司的一个关键职位。分公司的员工都认为，他是老板派来的心腹，甚至连"一把手"都对他毕恭毕敬。小韩也没有点破其中的玄机，很快他就建立了自己的人脉道场，在事业上有了新的起色。这就是一种典型的"假靠"。

此外，还有一点至关重要，在求人办事时尽量不要多头找人。比如，你有件事情要办，今天通过小王去找领导帮忙，明天让老李来问这件事。那领导该把面子给小王还是给老李呢？再说了，小王和老李知道后会怎么想？定会认为你不懂规矩。如此一来，你哪头也靠不上。

总之，求人办事找靠山，不仅要有眼力见，还要灵活应变，学会在适当的时候借助外部力量，但绝不能过度依赖，以保持一种平衡。

"催办"要润物细无声

在求人办事之际，不少人往往沉不住气。一旦对方应允，便隔三岔五地催促，不是询问事情进展到何种程度，就是追问何时能有结果，致使对方心生厌烦。

聪慧之人在托人办事时，会给予对方充足的时间与空间，让其尽力而为，既不勉强，也不频繁催促，以免一次性耗尽对方办事的能量。这体现了基本的信任与礼貌。

求人办事需顺应对方的节奏。切不可在对方刚答应，或者仅仅出于客套作出口头承诺时，就一而再、再而三地催促：

"哎，我那事办得怎么样了？"

"你什么时候能搞定？"

"进度怎么样啊？别忘了啊！"

"喂！你怎么还没消息啊！"

…………

多数情况下，只要对方并非诚心为你办事，多半会找出一些似是而非的理由来搪塞，比如"没时间""最近忙""临时有其他事"等。有人一听事情毫无进展，当即就变了脸色，抱怨道："咋搞的，不是说的好好的吗？""让你办点事儿真难呀！"试想，如此这般，下次谁还敢为你办事呢？

有时候对方一直不回复，那就不要再追问了，不回复本身就是一种答案——让你知难而退。倘若你不识趣，非要对方正面答复，那就不只是礼貌的问题了。

如果对方真心为你办事，在其答应之后，你应表明一种态度：事情看着办，能办多少算多少，即便办不成，你也会万分感激。在等待结果期间，切勿反复催促。通常，若对方遇到难题，会主动与你沟通；若办不成，也会及时给你反馈。无论做何事，这都是一个基本的办事原则，但凡懂点人情世故的人都明白这一点。倘若对方长时间没有反馈，而你又想了解事情进展，可以巧妙地催问。

1. 委婉地提醒

既然是求人帮忙，语气自然要委婉些。然而，有些人却忽略了这一点，明明是自己有求于人，却常常摆出一副理所应当的模样："喂，老张啊，事情办得怎么样了？"倘若对方说"再等等"，他便急不可耐地说："要等到什么时候呀？能不能快点啊，都急死我啦！"

别人帮你办事，需要耗费时间和精力，况且人家也有自己的事情要忙，有自己的时间安排。如果对方有时间帮你办事，无须你再三催促，他自会按部就班地去做。倘若他实在抽不出时间，也不可强求，而应给予理解与尊重。

若事情紧急，在询问进度时，最好先问一句："现在忙不忙？"如果对方说"忙"，那就适可而止，不要过多打扰；如果对方说"有时间"，那就顺势提及自己的事情，希望对方方便的时候给予答复。

2. 开玩笑时顺带询问

以开玩笑的方式询问办事进度，既能缓解直接催办带来的尴尬，又能增加互动性。如此一来，无论结果如何，都不会给对方造成压力。比如，可以这样说："嘿，哥，上次拜托你的那事儿，是不是有眉目啦？我这两天没收到消息，心里跟猫抓似的。能不能透露点消息给我,让我安慰自己一下,然后咱们再庆祝一下,哈哈!"

这样的表达方式既幽默又亲切,能够有效地提醒对方,同时让对方觉得你很懂人情世故,懂得为他人着想。

3.饭桌上略表关心

通过约饭局的方式询问事情进展,是一种较为稳妥且不失礼貌的方法。在轻松的用餐氛围中,既可以增进彼此感情,又能委婉地提及所求之事。这种方式避免了直接催促可能带来的尴尬与抵触,让对方更容易接受和回应。同时,饭局也为双方提供了一个面对面交流的机会,可以更好地了解对方的想法和难处,从而适时地调整自己的期待和策略。

在吃饭过程中,先聊一些轻松的话题,比如最近的新闻、趣事或者对方的兴趣爱好等,然后将话题逐渐引向想要催办的事情。如:"张经理,说到工作,我最近一直在思考我们之前讨论的那个项目。我一直在想,如果我们能进一步细化实施方案,或许能更快地推动项目进展。您对此有什么看法吗?"

在对方表达观点后,可以顺势提出具体的请求:"张经理,您看我们能不能找个时间再详细讨论一下这个项目?我想听听您的具体建议……"

在整个过程中,保持轻松友好的氛围至关重要。要记住,你的目的是与对方建立良好的沟通和合作关系,而不仅仅是催问进度。因此,在提出请求时,要确保以尊重和认可为前提,避免给对方造成压力或不适。当然,无论结果如何,都要保持礼貌和感激之情。

催人办事是一门讲究说话艺术的学问。当我们必须催促他人时,切不可猛追猛打,一定要在认可、理解对方的基础上,再巧妙地表达心意。如此，不仅能让对方感受到我们的关注和期望，还能激发其办事的动力，进而达到一种润物细无声的"催办"效果，让事情得以顺利推进。

警惕人际交往的"超限效应"

亲密关系堪称人与人之间最为宝贵的情感纽带。无论是亲人、爱人，还是朋友，我们都渴望与他们建立起深厚且持久的联系。然而，即便再亲密的关系，也必须保留一定的界限。毕竟，过度亲密极易引发"超限效应"，最终可能导致关系破裂。

在人际关系中，"超限效应"可以这样理解：当一方对另一方的干涉或关注超出合理范围时，原本积极的互动便会逐渐产生负面效果，进而引发关系的紧张或疏远。尤其是在求人办事时，务必把握好分寸与节奏，避免因"超限效应"破坏良好的人际关系和办事契机。

心理学家曾举过这样一个例子：当女友表示想吃苹果时，男生欣然将苹果送来，这是亲密关系的生动体现。倘若这位男生并不喜欢苹果，而女生却觉得苹果既美味又营养，不仅自己坚持每天吃一个，还强迫男友也必须如此，这无疑就越过了亲密的边界，成为一种不当的"强迫"。

在生活中，类似这种源于亲密的行为并不罕见。起初或许都是出于一片好意，但最终却常常演变成一种控制，甚至沦为道德绑架。

人与人的相处就如同冬日里相互靠近的刺猬,只有保持适度的距离,才能既感受到彼此的温暖,又不会被尖刺所伤。所以,在人际交往中,保持合适的距离至关重要。

众多家庭矛盾、情感纷争以及人际问题,追根溯源,很大程度上是由于边界感的缺失。当彼此间的关系过于紧密时,便容易触发"超限效应",原本良好的关系很可能因此而受损。在求人办事时一定要注意这一点。

王先生经营着一家特色餐厅,在开业前夕,为了招揽顾客,他特地邀请一帮朋友来帮忙。帮什么忙呢?就是请他们扮演食客,撑撑场面,提升人气。

然而,让他万万没想到的是,两周过后,仍有部分朋友以"老熟人"的身份频繁光顾,还声称自己是东家的朋友,理应享受免单待遇。更有一些朋友不仅自己常来,还带着家人、同事一同前来,并且大方地对同行的人说:"随便点,这家店是我兄弟开的,大家都是自己人。"碍于朋友的情面,王先生有苦说不出。

人们常常在关系亲密时,不自觉地模糊了边界,认为可以随意索取或干涉。然而,这种行为往往会给对方带来困扰和压力。

《增广贤文》中有这样一句话:"相逢好似初相识,到老终无怨恨心。"人与人之间最惬意的关系,应当建立在对界限的尊重之上,即便彼此熟悉,也绝不跨越对方的边界。

每个人都拥有两种生存空间:一是可见的物理空间,包括我们居住、工作的实际环境;二是隐秘的心理空间,关乎我们的内心世界,包含情感、思想以及个人隐私。

边界感实际上就是一种辨别并守护自我与他人界限的能力,它就像一道心灵的藩篱,界定着我们与外界的交互准则。它类似于居室的门户,当门紧紧关闭时,就意味着他人必须征得同意方可踏入这片私人领域。

著名作家三毛在一次访谈中曾提到:"人与人交往需要保持一尺的距离,远了心就淡了,近了恩怨就多了。"这就如同阅读一本书,离得太近或太远,书上的字都会变得模糊不清,只有保持恰当的距离,那些字才会清晰可辨。

在这个世界上,距离确实能产生美感。人生诸事以及世间种种,若靠得过于紧密,往往就会出现问题。长久的人际关系绝非毫无界限的融合,而是要保持适度的间距,给予对方充分的尊重与空间。做到行事有分寸,亲密也有边界。

在人际往来,特别是求人办事时,要牢记超限效应。当我们有求于人时,不能因为一时的急切而失去应有的分寸,肆意侵犯他人的界限。要明白,每个人都有自己的生活节奏、考虑和难处。我们应以尊重为前提,诚恳地表达自己的需求,同时给予对方足够的空间去思考和决定。

学会高情商地"麻烦"别人

在现实生活中,通常情况下,良好的人际关系以及有价值的人脉,大多是在"麻烦"中逐渐形成的。这里所说的"麻烦",并非无理的索要或是过度的依赖,而是建立在相互尊重、理解与感恩基础上的一种"打扰"。每一次请人办事,都是双方加深认知的过程,也是熟悉彼此、构建情感的契机。正如本杰明·富兰克林所言:"倘若你期望结交一个朋友,那就请他帮你一个忙。"

友谊的本质在于相互需要、彼此信任以及相互扶持。那些长久存续的友谊,其维系感情的秘诀便是让他人感受到被需要,同时又不会觉得被过分麻烦。换言之,人与人之间的小"麻烦"实则是情感的交流与互动,只是许多人难以把握其中的尺度。

在电视剧《都挺好》中,姚晨饰演的苏明玉令人莫名心疼。她在事业上小有成就,然而在感情方面却极为脆弱。自幼缺失父母关爱的她,渐渐领悟到:生活只能依靠自己,不能依赖他人。于是,她在学业上格外勤奋,工作中也极为努力,整个人变得坚强却又显得薄情。

但谁又能没有情感呢?由于习惯了自立,她独自扛起所有重担,那些委屈与无力只有在孤身一人时才敢释放出来。

饭店老板石天冬给予她的关爱,在她内心荡起层层涟漪。可她依旧不想接受石天冬的好意,直到石天冬对她说:"我不怕麻烦,我只是想关心你。"

在苏明玉的内心深处,竟然连他人的关心都不敢接纳,更不用说去麻烦别人了。她一味地付出,却无法坦然地接受别人对自己的好,甚至连他人的友善都会给自己带来压力。

很多人爱面子,脸皮也薄,遇到事情时往往害怕找人帮忙、求人办事。内心不断进行着"独白":他会帮我吗?他能帮我吗?甚至还未开始寻求他人帮助,就预先设想了许多困难。可实际上,如果不互相"麻烦"一下,关系根本无法建立。如此一来,他们便会处于孤独的状态之中。

那么，在"麻烦"他人时，应当注意哪些问题呢？

1. 可以麻烦，但不要理直气壮

你主动麻烦别人，并不意味着别人有义务帮助你。所以，在麻烦他人时，姿态一定要低，语气要谦和。例如，你气呼呼地抱怨："我一个哥们儿上月去阿联酋，我让他顺便帮我买点当地有特色的小纪念品，又不是什么大事，你猜怎么着？他竟然直接拒绝了，这还算朋友吗？"朋友会作何感想？是同情你、理解你，还是觉得你这个人不太懂事呢？

更有甚者，在自己的要求得不到满足时，会站在道德制高点进行绑架。比如，指责他人自私或是抱怨自己曾经如何对他好，如今对方却怎样怎样，抑或说对方忘恩负义。其实，在小事上相互帮忙，是人情世故，并非纯粹的交易，不能追求所谓的绝对公平，分毫不差，否则，一个人会干净到没有朋友。再者，在人情往来中，人家帮你是情分，不帮你是本分，没有将对方的帮助视为理所当然的道理。

2. 明确麻烦的尺度和界限

麻烦别人时，态度要端正，要有分寸感，并且要懂得感恩，适时给予回馈。胡适曾告诫儿子："人与人之间，务必谨守分寸，不冒犯、不打扰，如此方能避免惹麻烦。"当他住在研究院宿舍时，妻子违反规定打麻将，他多次劝说无果后，便带着妻子搬离。许多人认为，院长是他的学生，打个麻将并非大事，何必如此折腾。胡适却表示，正因为对方是自己的学生，才不能去麻烦他。

在生活中，有的人麻烦别人时可谓毫无底线，毫无节制。比如，本来可以网购的土特产，他非要让逢年过节回家的朋友从当地给他带回来，而丝毫不顾及对方归家路途遥远，舟车劳顿。还有的人在工作中不断麻烦别人，不论自己能处理还是不能处理的事情，都一概"麻烦"他人。大家都很忙，你是轻松了，可请问，你的工资会分给别人一半吗？这已不是简单的越界行为。

记住，麻烦他人要有尺度，也要有界限，过犹不及。不讲分寸感地麻烦别人，迟早会生出是非来。身为成年人，一定要清楚哪些事能麻烦他人，哪些事不能，哪些事连提都不要提，这是基本的素养。

3. 要随时欢迎被"麻烦"

中国有句老话叫"礼尚往来"，没有人愿意一直被人麻烦。在人际交往中，今天你拉我一把，明天我帮你一次，大家在不断的相互帮衬中深化感情。如果总是麻烦他人，而从不允许他人麻烦自己，那谁还愿意和你来往？时间久了，大家自然会像躲瘟疫一样躲着你。诚如一句话所说："你愿意为别人打伞，别人才肯为你打伞。谁都有雨天没伞的时候，能帮人遮点雨就遮点吧。这也是我下雨时即使不带伞，也不会被淋湿的妙法啊。"

人生活在这个世界上，不可能事事顺遂。适当地麻烦他人，而不给他人带来真正的"麻烦"，是一种高级的社交智慧，是一条实现快速成长的有效通道，更是一条紧密连接彼此的坚实纽带。

第十章

拒人有理：有礼有节地说"不"

说"不"看似容易，然而说好"不"绝非简单之事。从表面观之，其绝不仅仅是对一个请求予以拒绝，更是彰显出一种鲜明的态度。我们应当学会以礼待人、有礼有节地说出"不"字，如此一来，既能切实维护自身的权益与原则，又可避免给他人带来伤害。

即便十拿九稳，也不要把话说满

常言道："满饭不可食，满话不可说。"此语旨在强调为人处世应秉持适度与谦逊之态，切不可过度自信，言语也不可过于绝对。饭食过饱易伤身体，言语过满则易伤人伤己。尤其当他人请求办事或帮忙时，即便应允对方，言辞也务必留有余地。如此，方能更好地适应不可预知的变化，避免因过度承诺而陷入困境。

曾有一年，老郭的一位朋友即将步入婚姻殿堂。朋友询问老郭："你是否有时间参加我的婚礼？"老郭查看日程安排后，发现工作时间恰好有空，于是对朋友说道："放心吧，你结婚我怎能不去呢？"实际上，老郭原本就打算参加这位朋友的婚礼，毕竟二人相识多年，关系颇为融洽。

然而，临近朋友婚礼之际，家中老人生病。老郭无奈之下只能向朋友致歉，称家里临时有事，无法参加婚礼了。朋友表示理解，说道："没关系，老人身体要紧，咱们有时间再聚。"但从其话语中，老郭仍能察觉到一丝失落。

虽说这件小事对他们的感情并未产生太大影响，但老郭却一直为自己未行承诺之事而深感自责。在不确定的事情和时间面前，他过早地给予对方承诺，且言语过满，致使自己毫无回旋余地。

在人际交往中，务必忌讳言语过满。例如，有老朋友请求帮忙，你不假思索地应道："没问题，一百个放心。"结果，事情出现变数，原本的小忙如今却需耗费大量时间、精力，甚至还要欠下人情。说白了，帮这个忙的成本远超你的预期，而朋友却一直认为这对你而言只是举手之劳。那么，你到底帮还是不帮呢？

类似的场景屡见不鲜，往往一方因面子问题或一时冲动，满口答应对方，结果事情出现变数，令其进退两难：要么硬着头皮撑下去，要么失信于人。所以，答应别人时，要懂得给自己留有余地，避免将自己逼入绝境。

具体而言，在作出承诺之前，需把握以下几个原则：

1. 简单之事，承诺要有分寸

有时，我们会遭遇一些看似简单的事情，如帮别人捎个东西、回答一个小问题，抑或是完成一项不太复杂的任务。即便面对这些简单之事，也不可掉以轻心，随意承诺。为何？因为事物皆处于变化之中，更何况，每个人的思维、观点和能力各不相同。很多时候，他人眼中的"简单"，于你而言或许是"复杂"。

所以，对于"简单"的事情，也要进行客观、理性的评估，并根据自己的实际情况和能力作出相应承诺。比如，可以说"我可以试一试""我很乐意帮这个忙，会尽力而为"等。切不可因事情看似简单，就拍着胸脯打包票。

例如，有人请你帮忙抢一张某明星的演唱会门票，你不可信誓旦旦地说："这不算事儿，包在我身上。"倘若演唱会都开始了，你还未抢到票，那该多么尴尬？为避免此类情况发生，可以这样承诺："我会尽力而为，能抢到最好，抢不到我会及时告知你。"如此一来，既表达了自己的意愿，又留足了余地。

2. 难办之事，采取弹性承诺

倘若你对事情把握不大，就应让言辞更加灵活，使其具有伸缩的余地，避免给自己带来过大压力。例如，可以使用"尽力而为""尽最大努力""尽可能"等较为灵活的字眼。这些字眼既表达了你积极的态度，又未给自己施加过多压力。

特别是在面对难办之事时，你无法预知最终结果。若把话说得太死，一旦无法实现承诺，将会有损自己的信誉。若说话留有余地，以更加谨慎和客观的态度去表达自己的想法和承诺，这样，即便最终结果不尽如人意，也能为自己争取一些解释和回旋的空间。

3. 耗时之事，要延缓承诺

有些事情在当时情况下可以办成，但随着时间的推移，会增加一些不确定性或复杂性。在答应对方办理此类事情时，要适当延缓办事时间，即将实现承诺结果的时间放得更长一些，让自己有足够的时间去应对可能出现的变化。

比如，有人要求老板加薪。老板可以这样回应："若年终结算时，公司经济效益良好，公司可以给你晋升一级工资。"在这里，老板用"年终结算"一词巧妙地表示了兑现承诺时间的延缓。这样的说法既留有余地，不会让自己陷入被动，又显得合情合理，让员工能够理解公司的考虑。

总之，对于耗时耗力的事情，要学会延缓承诺，合理地延长实现承诺结果的时间，为自己争取更多的准备空间，以确保能够更好地兑现承诺。

4. 求人之事，要设定前提条件

如果你所做的承诺自己不能单独完成，还需要他人帮忙，那么在承诺时可以附带一定的前提条件。这样，一旦出现意外情况，也有合理的解释和回旋的余地。

比如，你答应帮朋友筹备一场活动。这场活动的成功举办需要多个方面的配合，包括场地的提供、物资的准备以及人员的参与等。在这种情况下，你可以对朋友说："我会尽力帮你筹备这场活动，但前提是我们能够顺利找到合适的场地，并且有足够的志愿者来帮忙。如果这些条件不能满足，可能活动的效果就会受到影响。"这样的承诺既表达了你积极帮忙的态度，又设定了明确的前提条件，让朋友对可能出现的情况有一个心理准备。

为人处世，需讲究"言而有信，行而有果"。聪慧之人会事先充分考虑客观条件，尽可能避免作出毫无把握的承诺，或者是乱开"空头支票"。一旦作出承诺，就应努力兑现。因为承诺不仅仅是一句话，更是一份责任与担当。它代表着对他人的尊重和信任，也是自身品格的体现。

不便办的事，"按照正常程序走"

在寻求他人帮助之际，我们时常会听到这样的回应："此事不好办，需走流程。"切不可天真地认为对方已然应允你的请求，正在依照既定的规矩与流程为你办事。实际上，很多时候这传达出一种清晰的态度：此事颇具难度，我不便直接拒绝，但也不能轻易承诺。其背后的逻辑在于：此事唯有走流程这一途径，别无他选，最终若事情未能办成，那是因为程序不通，而非我不愿办理。

令人惋惜的是，许多人遭到拒绝后，仍不知趣地缠着对方。皆因未能参透这句话的深刻内涵。这给我们带来何种启示呢？即在拒绝他人时，也可寻觅类似的托辞。

在《三国演义》中，有一回刘备急于拓展势力范围，决意攻打吴国，以报东吴杀害关羽之仇。刘备的这一决定虽出于个人情感，然而诸葛亮深知此举不但有悖于当前的战略布局，而且极有可能致使蜀汉国力衰退，甚至引发更为严重的危机。面对君主的命令，诸葛亮既未直接拒绝，也未轻易妥协。

他先是全面分析了当下的局势，详述了攻打吴国可能带来的种种不利后果，接着提出了一系列备选方案，诸如加强内部治理、巩固边防、与魏国维持和平等，这些均是在现有政策框架内的合理调整。通过这样的方式，诸葛亮既表明了自己的立场，又给出了切实可行的替代方案，最终成功阻止了刘备的冲动之举，避免了一场可能降临的灾难。

诸葛亮的这一行动，充分彰显了"按照正常程序走"的智慧。他没有直接违抗君主的意志，而是凭借合理的分析与建议，引导决策回归至国家利益与长期发展的轨道之上。这种处理方式，既体现了对君主的敬重，又展现了个人的政治智慧以及对国家责任的担当。

在现实生活中，面对一些过于苛刻或者明显不合理的请求，直接拒绝或许会伤害对方的感情，甚至破坏双方的关系，而含糊其词则容易引发误解，埋下隐患。此时，"按照正常程序走"便成为一种巧妙的解决方案。这种委婉的答复既不失礼貌，又明确了界限，同时还给对方打了预防针：事情大概率难以办成。

更为重要的是，以这种方式拒绝对方也更容易被接受——并非你不愿帮忙，而是存在客观的规章制度或流程需要遵循，从而减少了对方的不满情绪。

例如，你在某部门工作，有亲戚朋友前来找你办理一些见不得光的事情，你定然不想为他们办理，也不能为他们办理，此时，你可以答应他们"按照正常程序走"。到时候事情办不下来，并非你的问题，而是事情本身存在问题——若要让事情没有问题，那我就得陷入麻烦。

每一次优雅的回绝，皆是对自己原则的坚守，也是对他人情感的悉心呵护。"按照正常程序走"教会我们在尊重他人的同时，也懂得守护自己的边界。通过明确的规则和流程，为彼此之间的互动搭建起一座桥梁，让拒绝不再冰冷，反而成为促进理解与尊重的良好契机。

用幽默的话委婉说"不"

在生活中，拒绝他人实乃难以规避却又极为棘手之事。不管是面对至亲好友的诉求，还是来自陌生人的请求，直接回绝往往会致使双方陷入尴尬之境，甚至伤及彼此感情。那么，是否存在一种方法，既能传达拒绝之意，又能令人心悦诚服，且场面不失和谐呢？答案是肯定的，这便是极考验表达艺术的幽默拒绝术。

在拒绝别人之际，恰如其分地运用幽默，可使你的拒绝更为柔和，既维护了对方的自尊心，又避免了破坏彼此关系。例如，当朋友邀你参加一个你毫无兴致的聚会时，你可笑着说道："哎呀，我何尝不想与大家一同尽情欢乐呢，可瞧瞧我最近，忙得犹如一个飞速旋转的陀螺，都快转晕乎了。我要是去了，估计得在角落里打瞌睡，那岂不是白白浪费了这热闹的聚会嘛。等下次有好玩的活动，我必定第一个报名参与。"如此拒绝，既表明了自己的真实想法，又不会让朋友觉得被冷落。

纵观中外历史长河，众多名人、伟人皆擅长运用幽默来机智地回绝对方。曾有一次，一位美国女士读过钱锺书的著作《围城》后，期望能与他见面。钱先生回应道："倘若你吃了一个鸡蛋觉得甚是美味，那又何必一定要见到那只下蛋的母鸡呢？"这句话既幽默风趣又机智过人，巧妙地表达了他不愿因名声而被打扰的心愿。通过这种方式，钱先生既坚守了自己的原则，也未伤害到对方的感情。

以幽默的语言拒绝对方提出的那些自己难以接受的要求，不仅能坚持自己的原则，还能够维护别人的面子，同时也可营造出一种轻松愉悦的氛围。在运用幽默拒绝他人时，不妨参考如下一些方法。

1. 用夸张的方式表达

当需要拒绝别人时，可以采用夸张的方式来展现自己的困难或不可能性。如此一来，既能让对方明晰你的拒绝之意，又能以幽默之态缓解气氛。例如，有人请你帮忙："上楼之时，帮我把那个快递包裹带上来吧。"包裹重达四五十斤，还得搬到六楼，连快递员都不免费送货上门，你是否要帮这个忙呢？倘若不帮，你的拒绝理由是什么呢？若说"太沉了，我搬不动"或是"你自己去搬吧"等，显得极为苍白无力。在此，教你一个幽默拒绝之法，你可以这样说："哎呀，我着实很想帮你，可我这小身板呀，估计还没搬完一个箱子就累得瘫倒在地了。你还是找个大力士吧,我可不想把自己累成一摊软泥。"

2. 以自嘲的方式回应

自嘲乃是一种极具幽默魅力的方式,它能让对方在轻松的氛围中欣然接受你的拒绝。当你采用自嘲的策略时,通过巧妙的自我调侃,可有效地降低对方的期望,使其更易理解你的立场。同时,这也展现出你的豁达心态与幽默感,让对方感受到你的真诚与亲和力。

比如,有人请你帮忙做一件你不太擅长或者没有时间去做的事情,你可以说:"我呀,就是个马大哈,做事情总是丢三落四的。你这么重要的事情交给我,那肯定得搞砸。你还是找个靠谱的人吧,我可不想给你添麻烦。"通过这样的自我调侃,既委婉地拒绝了对方的请求,又避免了可能产生的矛盾与不愉快。

3. 运用幽默的比喻

用幽默的比喻来阐释你的拒绝,此乃一种极为巧妙的方式。当面临他人的请求而不得不拒绝时,一个恰当的幽默比喻往往能够起到意想不到的作用。它可以让对方更容易理解你的立场,不会因直接的拒绝而感到过于失落或被冒犯。同时,幽默的比喻还能为整个对话增添一些趣味性,使气氛不至于变得尴尬或紧张。

例如,有人向你借钱,你可以说:"我的钱包就如同沙漠里的绿洲,极为罕见。我自己都快揭不开锅了,实在没办法借给你。要不你去问问别人,说不定能找到一个'大富翁'呢。"

4. 制造轻松的氛围

在拒绝别人的时候,可以巧妙地通过讲一个笑话或者开个小玩笑来营造轻松的氛围,这样能够很大程度上让对方不至于感到太过尴尬。毕竟,直接的拒绝往往容易让气氛变得紧张和沉闷,而一个小小的幽默举动则可以有效地缓解这种压力。

比如，当有人请你帮忙时，你可以带着笑容调侃道："嘿，你这请求可真是让我有点受宠若惊呀！你这是要把我变成超人啊！可惜我没有超能力呀！"这样，既表达了自己的拒绝之意，又通过幽默的方式让对方在轻松愉快的氛围中接受了你的拒绝，避免了可能出现的不愉快和尴尬局面。

5. 给出一个幽默的替代方案

如果情况允许的话，可以尝试给出一个幽默的替代方案。这样做的好处在于，当对方在被拒绝的时候，依然能够感受到你的关心和创意。这不仅可以缓解拒绝带来的失落感，还能让对方看到你的用心和机智。

例如，有人邀请你去看电影，而你已经有其他安排了，你可以说："我这次不能和你去看电影了，不过你可以找个爆米花桶当伴，说不定它会比我更会欣赏电影呢，或者等下次有好片子的时候，我们再一起去。"

总之，用幽默化解拒绝的尴尬需要一定的技巧和灵活性。要根据不同的情况和对象，选择合适的幽默方式，让对方在轻松愉快的氛围中接受你的拒绝。如此一来，不仅可以避免尴尬，还能增进彼此之间的感情。

拒绝要果断,不拖泥带水

可以肯定的是,许多人畏惧说"不",缘由要么是碍于情面,要么是难以寻觅适宜的理由。然而,他们却未曾意识到,在应当拒绝的时候未能果断拒绝,越是拖延,事情就会越发复杂棘手。对方会在你的举棋不定中抱有更高的期望,而当你最终迫不得已拒绝时,所带来的伤害与失望可能会呈倍数增长。

这种拖延行为,不仅耗费了自己的时间与精力,也使得对方在漫长的等待过程中投入了更多的情感成本。所以,当面临需要拒绝的情形时,我们应当勇敢地说出"不"字,及时止损,以防陷入更为艰难的困境。

就如同一个男生追求女生,倘若女生对男生毫无感觉,却因拉不下脸或者找不到合适的理由而不明确拒绝,男生便会一直怀揣希望持续追求。随着时间的流逝,男生投入的感情与精力越来越多,而当女生最终不得不拒绝时,男生所遭受的伤害将会更大。他会觉得自己付出诸多却得不到回应,甚至可能心生怨恨。倘若女生一开始就果断拒绝,虽然可能会让男生一时失落,却能够避免后续更多的麻烦与误会。

也就是说,男生不会在不确定的期待中投入过多情感与精力,也就不会在最终被拒绝时感到更加痛苦与沮丧。与此同时,女生也能够坚守自己的原则与立场,不被他人的情感所束缚,从而拥有更多的时间与精力去专注于自己的生活与追求。

在生活当中也是如此，该拒绝时不拒绝，给予他人不恰当的希望，最终往往会带来更多的麻烦与伤害。我们要学会干脆利落、毫不拖泥带水地说"不"，果断说出自己的苦衷、表明自己的原则，这样反而更能赢得对方的谅解与尊重！同时，这也是对自己和他人负责的表现。那么，如何才能干净利落地表达自己的拒绝之意呢？

1. 使用坚定的语气

在说"不"的时候，言辞要简洁明了，语气要坚定有力。切不可模棱两可，也不能流露出犹豫不决的态度，否则，会让对方错误地认为在这件事情上你还有商量的余地。例如，可以直接说"对不起，我不能帮你这个忙"，或者干脆地回应"我不感兴趣，谢谢"。

在表达拒绝的时候，眼神也要坚定。坚定的眼神能够展现出你的自信与决心，让对方确切地感受到你是在认真对待这个请求，并且是经过深思熟虑后才给出明确答复的。如此一来，便可以打消对方试图继续劝说你改变主意的念头。

2. 提供替代方案

当拒绝了对方的请求后，他们可能会感到失望和不满，而提供替代方案则可以在一定程度上缓解这种负面情绪。比如，当你不能参加某个活动时，可以用心地推荐其他人选。这个人可以是你认为在某些方面与该活动相匹配，或者有能力、有时间参与活动的人。你可以向请求方详细介绍这个人的优势和特点，让他们觉得你的推荐是经过认真考虑的。

另外，你还可以提供其他的建议，比如调整活动的时间或方式，以适应更多人的参与，或者推荐一些类似的活动，让对方有更多的选择。这样的建议不仅展现了你对事情的积极态度，也让对方感受到你是在真心实意地为他们着想，从而更容易接受你的拒绝。

3. 不过度解释或道歉

在说过"不"之后，不要过度地解释，或者频繁地表示歉意。过度地解释容易给对方一种错觉：其实你的拒绝不够坚定，只要继续追问，或者施加某种压力，你有可能改变决定。而过度道歉则会让对方觉得你内心有愧疚感，这种愧疚感可能会被他们利用，从而继续纠缠你，试图让你改变主意。

因此，在拒绝他人时，只需简单地表达自己的决定就好。比如，可以说："我很理解你的想法，但我确实无法做到，希望你能理解。"这样既表明了自己的态度，又给予了对方应有的尊重，避免了过度解释和道歉可能带来的不良后果。

4. 坚持自己的决定

如果在拒绝后，对方继续纠缠，可以再次坚定地表达自己的立场，用更加坚决的语气和措辞，让对方清楚地认识到你的决心不可动摇。例如，可以说："我已经很明确地表达了我的决定，希望你能够尊重我的选择。"或者采取一些措施来避免进一步的干扰，比如，暂时避免与对方接触，或者明确告知对方如果继续纠缠将会产生的不良后果。这样既能够保护自己的权益，又能够让对方认识到你的态度是认真的，从而减少麻烦。

学会干净利落地说"不"是一种至关重要的技能，它不会给予对方错误的期待，能够避免许多后续的麻烦，让我们可以将有限的时间和精力，投入到真正对我们有意义的事情上。

拒绝要明确，不模棱两可

中国人素来崇尚含蓄，在做人、言语、行为及行文等方面，常常彰显出这一特质。就说话而论，很多时候，一个词语、一句话乃至一段话，往往有言外有意，说话者的本意并非直接表露，而是需要听话者悉心揣摩、猜测，此乃所谓的微言大义。

尤其在拒绝他人之际，人们也常采用这种表达形式，将拒绝之意尽可能说得模棱两可——无论从哪种角度理解似乎都可行。如此一来，便容易引发一个问题：明明是委婉拒绝，结果却变成拒而不绝，让对方从中看到一线生机。可见，倘若你不具备一定的说话技巧，或者双方在表达和理解能力上不在同一层次，最好不要运用这种模棱两可的拒绝方式。

拒绝的本质在于清晰地表达自己的意愿，传递出明确的信息，让对方知晓你的立场和决定。为避免纠缠与误会，即便是委婉表达，拒绝之意也务必明确，以杜绝误会。

小王和小张是一对挚友，两人自幼一起长大。小王自幼勤奋好学，一路读到研究生毕业，工作后也是一帆风顺，在一家知名企业担任部门经理。小张则从小调皮捣蛋，高中毕业后便外出打工。一日，小张得知小王在某大公司担任经理，便想去谋个职位。

两人见面后，小张说道："兄弟，你如今可是大经理了，看在咱们多年的交情上，给我安排个轻松点的差事呗。"小王颇感为难，毕竟公司没有哪个职位不要求学历，然而，他又不好意思直说，怕伤了对方的面子，只得应道："这事急不得，等公司有适合你的职位，我会通知你。"

于是，小张左等右等，一等就是一个月，在此期间，他也没心思再去劳务市场找工作了。一天，他追问小王："事情怎么样了？"小王说："我也想帮你呀，我跟领导提过好几次了，领导说，你的学历不符合公司要求。"

小张一听，脸色骤变，带着一丝埋怨："没想到会是这样，要是你早给个爽快话，我就不会等到现在了。"

自此以后，小张再也没有联系过小王，二十多年的交情就此终结。

正所谓"期望越高，失望越大"。与其让对方怀揣着不切实际的幻想空等，不如一开始就果断拒绝，不给对方留下任何想象的空间。所以，在该明确拒绝的时候，一定不能态度暧昧，而要坚定地说"不"，不给自己留妥协的余地，也不给对方留想象的空间。那么，该如何毫不含糊地说"不"呢？

1. 划定明确界限

很多时候，我们之所以难以拒绝他人，是因为心中没有划定清晰的界限。当对方提出要求时，脑海中并非清晰的"是"或"否"，而是一片茫然，不知自己的底线何在，也不清楚哪些要求可以应允，哪些是绝对不能触碰的。如此一来，拒绝便变得犹豫不决、模糊不清。

可见，建立清晰的界限至关重要。也就是说，在拒绝的时候，要明确告知对方,哪些事情是你愿意做且能够做的,哪些事情是你不愿意做且绝不能做的。当明确了这些界限,拒绝就不再是难以启齿之事,而是一种理所当然的选择。

例如,同事请求你在工作时间帮他完成一份与你本职工作无关的报告,你可以坚定地说:"我非常愿意在工作中互相帮助,但是完成本职工作已经占据了我大部分的时间和精力,我不能帮你做这份报告。不过,如果你在工作中遇到与我专业相关的问题,我很乐意与你一起探讨解决办法。"这样明确地划分界限,既让同事了解了你的立场,又避免了误解和矛盾。

2. 坦诚表达立场

很多人习惯用委婉的语言表达拒绝,例如"我尽量""我看看""我考虑一下",等等。这些看似友好的回答,实际上却缺乏明确性,容易让对方产生误解,进而反复纠缠。与其委婉表达,不如坦诚拒绝。直接告诉对方你的真实想法,例如:"我很感谢你的邀请,但是我目前没有时间参加。"坦诚表达立场,不仅能有效地拒绝对方,还能避免后续的纠缠,让彼此都感到轻松。

3. 给出合情合理的理由

拒绝他人时,仅仅简单说"不",并不能让人真正信服。因为这样的拒绝显得过于生硬和突兀,容易让对方感到困惑和不满。有效的拒绝需要合理的理由作为支撑。当你能够给出充分且恰当的理由时,不仅能使你的拒绝更具说服力,还能让对方明白你的决心。这里,合理的理由可以是自身的时间安排、能力限制、价值观冲突等。

比如,有人请求你帮忙做一件超出你能力范围的事情,你可以诚实地说:"你的请求我很想帮忙,但是这件事情对我来说确实有一定的难度,我的能力有限,可能无法很好地完成。我不想因为自己的不足而影响到你的事情，所以建议你找更专业的人来帮忙。"这样的拒绝既不会让对方觉得你在推托，又能让对方理解你的难处，从而减少负面情绪的产生。

4.避免使用攻击性语言

拒绝他人时，需要保持礼貌，避免冲突。不要使用攻击性的语言，也不要表现出不耐烦的态度。即使对方对你感到不满，你也要保持冷静，用平和的语气进行沟通。例如，如果你拒绝参加一个朋友的聚会，你可以说："我很抱歉，我无法参加，因为……"即使对方感到不满，你也要保持冷静，不要与对方发生争执。

5.表达感谢与歉意

尽管不得不拒绝他人，但仍然需要表达一定的谢意，以示尊重。表达感谢，不仅仅能够维护双方的良好关系，还能在很大程度上避免对方产生负面情绪。当你以感恩的心态去面对他人的请求，即使最终的结果是拒绝，也会让对方感受到你的真诚和善意。

例如，可以说："感谢你的邀请，我很抱歉无法参加。"或者说："感谢你的理解，我很抱歉不能帮忙。"表达感谢，不仅能维护双方的良好关系，还能避免对方产生负面情绪，使拒绝显得更加自然。

毫不含糊地说"不"，并非一种冷酷的行为，而是一种成熟的表现。它体现着对自身价值的尊重，对他人的坦诚表达，以及对人际关系的理性维护。所以，在该明确拒绝的时候，要干脆一些，坦诚一些，硬气一些。

事情可以拒,情面要留下

在生活中,拒绝乃是常见之事,切不可将其视作与人决裂之兆,也不能等同于薄情寡义、六亲不认,更不应视之为罪大恶极之举。当需拒绝他人之际,无须横眉怒目、紧绷面庞,而应面带友善之容,温和地吐出"不"字,尽显十足的人情味。

清代名人郑板桥在担任潍县县令之时,曾查办了恶霸李卿。李卿之父李君乃是刑部天官,闻知儿子被捕,急忙赶回潍县,欲为子求情。李君深知郑板桥刚正不阿,若直接求情恐难奏效,于是便以访友之名来到郑板桥家中。郑板桥此时也在思索如何巧妙回绝这说情之人。

李君环顾四周,瞧见旁边几案上摆放着文房四宝,眼珠一转,计上心来。他提议道:"郑兄,你我题诗绘画,以增雅兴,如何?"郑板桥淡然回应:"好哇。"李君随即执起笔,在纸上绘出一片尖尖竹笋,上方还有一只乌鸦。郑板桥见此情景,未发一言,挥毫画出一丛细长兰草,兰草中间有一只蜜蜂。

李君望向郑板桥,说道:"郑兄,我这画可是有门道,此乃'竹笋似枪,乌鸦真敢尖上立'。"郑板桥微微一笑,回应道:"李大人,我这也有讲究,此为'兰叶如剑,黄蜂偏向刃中行'!"

李君碰了个钉子,却并未放弃。他转变方式,提笔在纸上写下："燮乃才子。"郑板桥一看，人家这是在夸赞自己呢，于是也提笔写道："卿本佳人。"李君心中一喜，连忙套近乎："我这'燮'字可是郑兄大名，这个'卿'字……""自然是贵公子的宝号啦！"郑板桥不紧不慢地回答。李君以为自己的"软招"奏效了，正暗自欣喜，当即直言相托："既然我子是佳人，那么请郑兄手下留……"

"李大人，你怎么'糊涂'了？"郑板桥打断李君的话，"唐代李延寿不是说过嘛……'卿本佳人，奈何做贼'呀！"李天官这才明白郑板桥的婉拒之意，不禁面红耳赤。他知晓再多说也是无益，只好拱手作别。

郑板桥以其人之道还治其人之身。李君不是不好意思直接说情，而采用"托物言志"这种打哑谜式的方式对话吗？针对李君以势压人的暗示，郑板桥毫不退缩，予以回击。他将违法必究的道理借助"一丛细长的兰草和其间的一只蜜蜂"这样的画，以及"兰叶如剑，黄蜂偏向刃中行"这样的话语巧妙地表达出来，李君自然心知肚明。

最后，既然古人有云"卿本佳人，奈何做贼"，那就不是郑板桥不接受李君的说情，而是古人在拒绝他。

在现实生活中，拒绝别人的请求或邀请，或多或少会让人觉得有些失了脸面。在上述案例中，郑板桥的做法堪称巧妙且睿智。他没有生硬地直接拒绝，而是以一种委婉且充满艺术感的方式表明了自己的立场。既坚守了自己的原则，又避免让对方过于难堪。

在面对类似情形时，我们可以借鉴郑板桥的这种处理方式，以更加巧妙、得体的方法拒绝他人，既坚守自己的底线，又维护对方的面子。要做到这一点，需把握好几个核心原则：

1. 明确你的原则和目标

在拒绝他人之前，一定要深入思考拒绝的原因和目的。若你有更为紧急或重要的事务需要处理，完全可以坦诚地告知对方。倘若这个请求或邀请违背了你的个人原则或价值观，比如与你的信仰或伦理操守相冲突，你应当果断地明确拒绝，让他人清楚知晓你的底线所在。

2. 选择合适的场合和方式

为了顾及对方的颜面，拒绝时最好选择一个私密且安静的场合，例如咖啡馆或餐厅。在这样的环境中，可以与对方进行诚恳的交谈，阐述你的犹豫与困惑，同时表达你对对方的认可与感激之情。这种语言表达方式能够缓和对方的不安与失落情绪，避免给对方带来过大的伤害。

3. 尝试做一些换位思考

在拒绝之前，不妨尝试进行换位思考，设身处地地站在对方的角度，去理解他人的感受。当别人向我们提出请求或发出邀请时，往往带着某种期望和需求。如果只是简单地拒绝，很可能会让他们感到失望、沮丧甚至受伤。通过换位思考，可以更好地理解对方为什么会提出这样的请求，其需求背后可能隐藏着怎样的动机和情感。

假设同事希望你下班后帮他完成一项工作，但是你已经连续加班多日，身心俱疲，不想答应他，可以这样说："我能理解你现在可能面临的紧迫感。不过，我已经连续几天加班了，现在真的需要一些时间来恢复精力。我建议，要个我们先看看目前的任务分配是否可以优化。如果明天还是忙不过来的话，我可以早一点来帮忙，你看这样行吗？"

4. 给予合理的解释和安慰

拒绝时，一定要清晰地向对方说明你的理由，让对方明白这些理由是充分的、合理的。在此过程中，你可以为对方提供一些替代方案，或者给予一些精神上的鼓励和支持。对于被拒绝的人而言，这种解释和安慰会让他们感到被理解和尊重，也能促使他们更快地从失落中走出来。

有人说："平生最怕拒绝别人。"这似乎让我们看到了人性的温柔与纯善。然而，在现实生活中，不适当的妥协绝不是最佳选择，学会有理有据地拒绝也未必不是一件好事。带有人情味儿地说"不"，不仅能够维护自己的权益，避免误解和矛盾，还能避免因生硬的拒绝而伤害他人的感情。